인간의 사고와 감정보다 행동의 목적에 주목하라!

기본부터 실전까지 일러스트로 이해하는
아들러의 심리학 수업

오구라 히로시 감수 | 서희경 옮김

 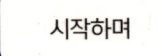 

고민과 후회에 갇힌 나를 해방하고
앞으로 나아갈 용기를 얻는다!

알프레드 아들러$^{Adler,\ Alfred}$는 19세기 후반에 태어나 20세기에 활동한 심리학자입니다. 동시대에 함께 활약했던 심리학자 지크문트 프로이트$^{Freud,\ Sigmund}$, 칼 구스타프 융$^{Jung,\ Carl\ Gustav}$과 '심층심리학의 3대 거장'으로 일컬어지지만, 예전에는 그 둘에 비해 인지도가 조금 낮은 편이었습니다. 그러나 최근 몇 년 동안 아들러의 개인 심리학이 특히 주목을 받으면서 아들러 심리학에 관심을 가지고 연구하는 사람들이 계속 늘어나고 있습니다.

프로이트와 융의 '유병자를 위한 치료 심리학'과 달리, 아들러 심리학은 '건강한 사람을 위한 성장 교육 심리학'이라고 할 수 있습니다. 프로이트와 융은 인간의 심층심리를 추구한 반면, 아들러는 인간관계를 중요하게 여기고 의사소통 방법을 변화시킴으로써 증상과 문제를 해결할 수 있다고 주장했습니다. 부정적인 요인을 없애는 것이 아니라 긍정적인 요인을 더욱 확장하는 건강한 심리학이라고 할 수 있습니다.

다양한 문제, 고민, 걱정거리들을 안고 살아가는 우리가 건강하고 긍정적인 삶을 살기 위해서는 어떻게 해야 할까요?
이 책은 아들러의 사상과 가르침을 실제 사례와 일러스트로 설명합니다. 현대를 살아가는 직장인, 주부, 학생의 일상에서 종종 마주하는 상황을 제시하고, '이렇게 하면 문제 상황이 이런 식으로 개선된다'는 해결 방법을 구체적으로 제안하므로 한눈에 파악하기 쉽습니다.

부정적인 생각에 갇혀 어찌할 바를 모르고 앞으로 나아가지 못한다, 낮은 자존감으로 인해 자기 확신이 부족하다, 다른 사람과의 교제가 서툴고 관계 향상이 어렵다면, 이 책으로 아들러 심리학을 배워보세요. 여러분의 문제를 해결하고 자신을 변화시키는 데 도움이 되기를 진심으로 바랍니다.

오구라 히로시

프롤로그 ①

심층심리학의 3대 거장, 아들러는 어떤 인물인가?

프로이트, 융과 함께 '심층심리학의 3대 거장'으로 평가되는 아들러는 어떤 인생을 살았던 사람이었을까요?

알프레드 아들러
Alfred Adler

1870년 오스트리아에서 태어난 아들러는 20세기 최고의 심리학자 중 한 명으로 '개인 심리학'을 확립했다. 인간의 고민은 대부분 대인관계에서 비롯된다고 보았고 좋은 인간관계를 구축하기 위한 심리요법에 초점을 맞췄다. 또한, 과거와 원인에 집착하지 말고, 생각의 방향이 현재와 미래를 향해야 한다고 강조했다.

프로이트, 융과 동시대를 살았던 아들러는 그들과 함께 '심층심리학의 3대 거장'으로 꼽힌다. 정신분석학의 창시자인 프로이트나 그의 가르침을 받은 융이 주창한 이론과는 다른 사상을 펼쳤다. 아들러도 초기에는 프로이트의 의견에 동조했지만, 결국은 다른 길을 걷게 된다.

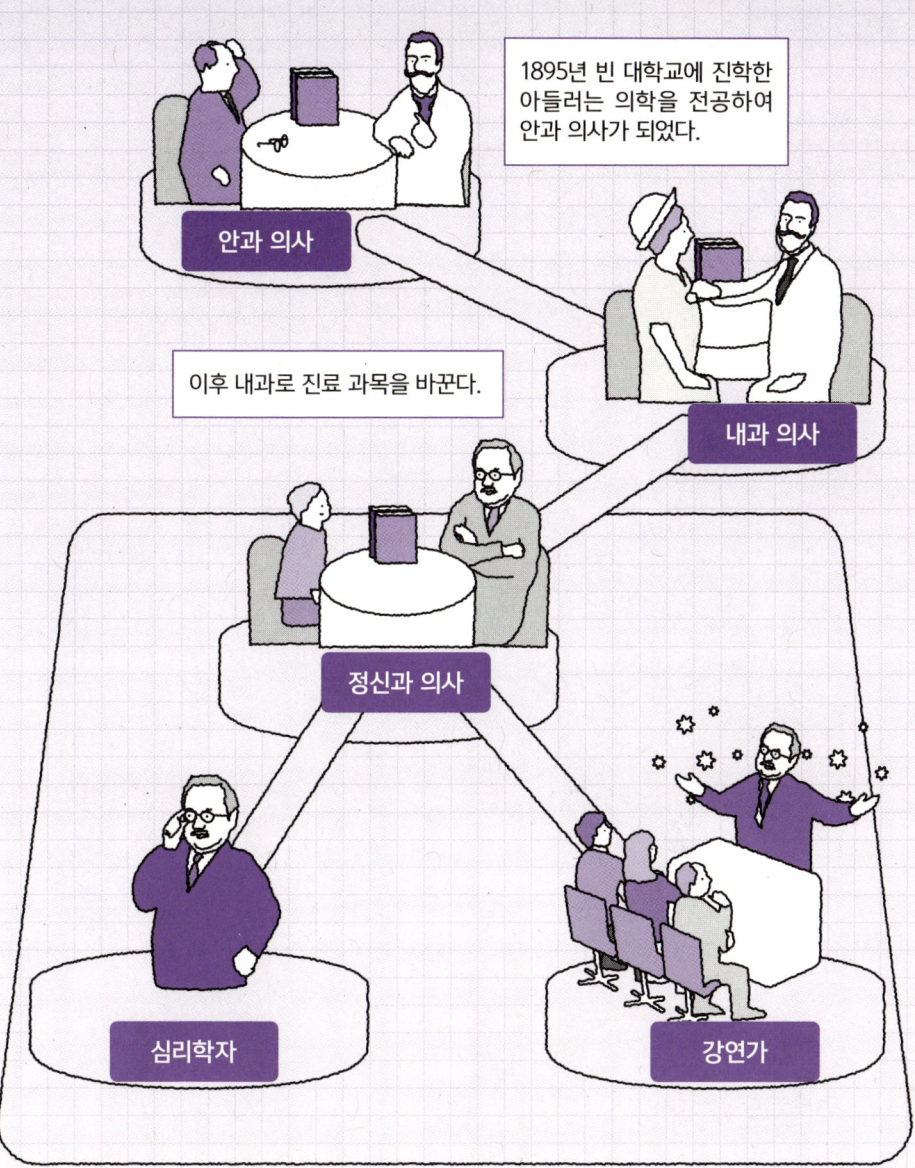

1895년 빈 대학교에 진학한 아들러는 의학을 전공하여 안과 의사가 되었다.

이후 내과로 진료 과목을 바꾼다.

안과 의사
내과 의사
정신과 의사
심리학자
강연가

아들러는 안과에서 내과에 이어 정신과 의사의 길에 접어들었고, 이후 심리학 권위자가 되었다. 수많은 강연을 통해 명성을 얻었음에도 일반인들과 적극적으로 소통하며 인간은 어떻게 살아가야 하는가에 대해 끊임없이 고찰했다.

프롤로그 ②

아들러식 사고방식이란 무엇일까?

아들러 심리학은 수많은 비즈니스 종사자들에게 주목받아왔습니다.
그의 사고방식을 배우는 진정한 목적은 무엇일까요?

궁극적인 목표는 공동체 의식을 구축하는 것이다!

공동체 의식은 공동체(커뮤니티) 구성원으로서 '공동체를 위해 무엇을 할 수 있을까?'를 생각하고 행동하는 것이다. 공동체 의식을 구축하면 인생에서 발생하는 문제 대부분을 해결할 수 있다. 아들러는 공동체 의식을 키울 수 있는 다양한 방법을 제시했다.

프롤로그 ③

아들러 심리학을 배우면
어떤 변화가 일어날까?

아들러 심리학을 배우면 부정적이고 비건설적인 사고에서 비롯된 일상의 고통에서 벗어날 수 있습니다.

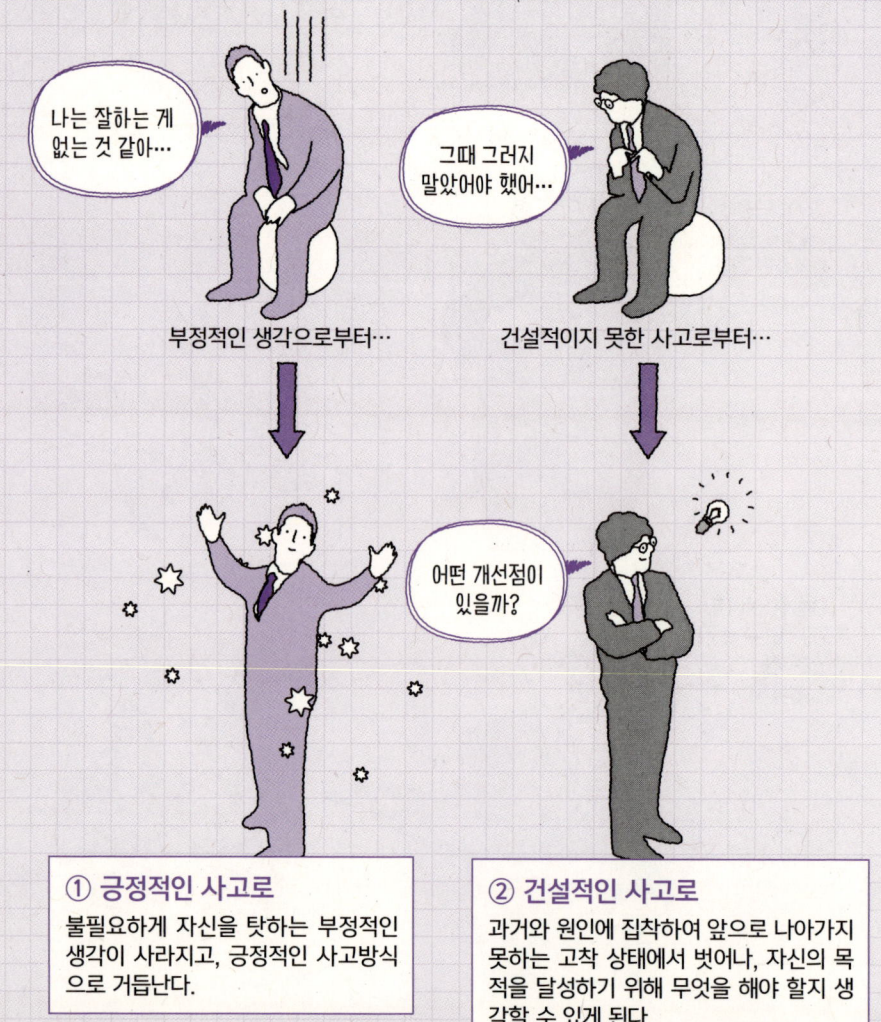

③ 건강한 인간관계로
타인의 시선을 지나치게 의식하는 상태에서 벗어남과 동시에 타인을 진정으로 배려하는 이타심을 키울 수 있다.

> 인간의 사고와 감정보다,
> 행동의 목적에 주목하라!

기본부터 실전까지 일러스트로 이해하는

아들러의 심리학 수업

Contents

시작하며 ... 2

프롤로그 ①
심층심리학의 3대 거장,
아들러는 어떤 인물인가? ... 4

프롤로그 ②
아들러식 사고방식이란
무엇일까? ... 6

프롤로그 ③
아들러 심리학을 배우면
어떤 변화가 일어날까? ... 8

Chapter 1
아들러 심리학의 기본 이념

01 아들러 심리학을 배우는
목적은 무엇일까?
공동체 의식 ... 18

02 공동체 의식을 발전시키는 수단,
'용기 부여'란 무엇일까?
능력 / 협력 / 활력 ... 20

03 아들러 심리학의
'5대 전제'란 무엇일까?
자기결정성 / 목적론 / 전체론 /
인간관계론 / 인지론 ... 22

04 5대 전제 ①
'자기결정성'이란?
인생의 주인공 ... 24

05 5대 전제 ②
'목적론'이란?
미래의 목표 ... 26

06	5대 전제 ③ '전체론'이란?
	상보적 관계 28

07	5대 전제 ④ '인간관계론'이란?
	상대역 30

08	5대 전제 ⑤ '인지론'이란?
	주관적 인식 32

09	프로이트 심리학과 무엇이 다를까?
	인간의 이해 34

Column 1
아들러의 생애 ①
   부유하고 자유로운 환경에서
   성장한 심리학자   36

Chapter 01
   KEYWORDS   37

Chapter 2
부정적인 마음이 악순환되는 이유

01	건강한 정신을 위해 필요한 조건
	삶의 방식 40

02	모든 행동에는 목적이 있고 그 목적이 감정을 만든다
	수평적 관계 42

03	감정의 역할과 목적은 무엇일까?
	감정의 3가지 특성 44

04	'낙천적'과 '낙관적'은 무엇이 다를까?
	긍정적 사고 46

05	열등성, 열등감, 열등 콤플렉스의 차이
	이상과 현실의 괴리 48

06	인간을 지배하는 '기본적 오류'란?
	단정 / 과장 / 간과 / 지나친 일반화 / 그릇된 가치관 50

07	인간이 사물을 객관적으로 파악할 수 없는 이유
	주관적 인지 52

08	분노가 생기는 구조를 알면 화내지 않을 수 있다
	개인적 정의 54

09	원인을 지나치게 추궁하면 부정적 악순환에 빠진다
	후회와 부정 56

10	'고민'은 무의식적으로 자기정당화를 조장한다
	자기기만 58

Column 2
아들러의 생애 ②
   파국의 위기를 극복한
   한 여성의 사랑   60

Chapter 02
   KEYWORDS   61

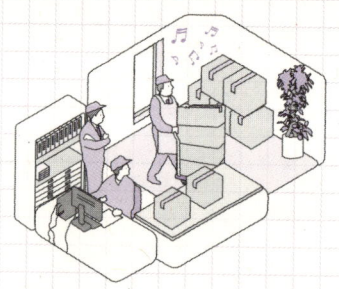

Chapter 3
갇힌 나를 해방하고 앞으로 나아가는 방법

01 건설적인 사고를 키우고
왜곡된 생각에서 빠져나온다
공통 감각　　　　　　　64

02 독단적 사고에
지배되지 않는다
사적 논리　　　　　　　66

03 공통 감각을 익히려면
주변으로 시야를 넓힌다
존중 / 양보 / 공감 / 합의　68

04 완벽보다 개선을
목표로 한다
유대감　　　　　　　　70

05 열등감은 누구나 가지고 있는
성장의 도약판이다
우월성 추구　　　　　　72

06 좌절과 실패는
성장의 기회이다
재도전　　　　　　　　74

07 이상과 현실을
명확하게 구별한다
불완전함　　　　　　　76

08 타인에게 미움받아도
괜찮다고 생각한다
착각　　　　　　　　　78

09 거부감은 과거에서 비롯된
선입견 때문이다
발상 전환　　　　　　　80

10 겸손하려고 자기를 비하하면
부정적 자기평가가 각인된다
셀프 토크 / 셀프 콘셉트　82

11 누구나 언제든지
성격을 바꿀 수 있다
라이프 스타일　　　　　84

Column 3
아들러의 생애 ③
　　안과 의사 경험이 심리학자를
　　지망하는 계기가 되다　86

Chapter 03
　　KEYWORDS　　　　87

Chapter 4
인간관계를 개선하는 방법

01 좋은 인간관계를 맺는
'수평적 시선'이란?
응원과 공감　　　　　　90

02 모든 인간관계는
서로 존경해야 한다
상호 존경　　　　　　　92

03 '신뢰'와 '신용'의
차이점은 무엇인가?
선의　　　　　　　　　94

| 04 | '공감'과 '동정'의 차이점은 무엇인가?
관심 | 96 |

| 05 | 의사소통은 말하기보다 듣기가 중요하다
경청 | 98 |

| 06 | 자신과 타인의 과제를 분리한다
경계 / 책임 | 100 |

| 07 | 충분한 협의를 통해 공동 과제를 만든다
협력 | 102 |

| 08 | 자신의 선악 판단이 절대적이라고 믿지 마라
상대적인 감각 | 104 |

| 09 | 세련되고 매너 있게 자기주장을 펼치는 기술
주관적 의견 / 객관적 사실 | 106 |

| 10 | 잘못했다면 올바른 방법으로 책임진다
원상복귀 / 재발방지 / 사과 | 108 |

Column 4
아들러의 생애 ④
바쁜 일정으로 잠잘 시간도 없이
세계를 돌아다니다   110

Chapter 04
　　KEYWORDS   111

Chapter 5
직장생활 잘하는 인간관계 기술

| 01 | 너무 가깝지도, 멀지도 않은 적당한 거리를 유지한다
나눔과 공유 | 114 |

| 02 | 나쁜 것은 '사람'이 아니라 건설적이지 않은 '행위'이다
인격과 행위 | 116 |

| 03 | 상대방을 심판하거나 벌하지 말고, 자신을 바꾸는 것이 건설적이다
자기 변화 | 118 |

| 04 | 상대를 내 뜻대로 움직이기 위해 감정을 만들어내지 마라
겉보기 인과율 | 120 |

| 05 | 실패에 대한 두려움과 비난을 넘어 불완전함을 인정하는 용기
리프레이밍 | 122 |

| 06 | 상대방의 관심사에 관심을 갖는다
열린 질문 / 닫힌 질문 | 124 |

| 07 | 타인의 진심은 알 수 없다
개인 영역 | 126 |

| 08 | 상대를 배려하고 존중하는 '쿠션 언어'를 사용한다
존중 어법 | 128 |

| 09 | 상대의 글러브를 향해 자신의 메시지를 던진다
리셉터 | 130 |

| 10 | '너 메시지'가 아닌 '나 메시지'를 사용한다
이성적 주의 | 132 |

| 11 | 상대방을 불쾌하게 만들지 않고 의연하게 거절하는 방법
거절할 수 있는 용기 | 134 |

Column 5
아들러의 생애 ⑤
　공동연구자와
　의견 차이로 결별하다　136

Chapter 05
　KEYWORDS　137

Chapter 6
가정환경과
라이프 스타일

| 01 | 라이프 스타일은 성격과 신념이다
자기개념 / 세계상 / 자기이상 | 140 |

| 02 | 라이프 스타일은 결국 자신의 선택이다
신체적 영향 / 문화 / 가족 구도 | 142 |

| 03 | 부모보다 형제자매의 영향력이 더 크다
경쟁 구도 | 144 |

| 04 | 부모의 양육 방식이 자녀의 역할을 결정한다
부모의 꼬리표 | 146 |

| 05 | 자라나는 아이들에게 꼭 가르쳐 줘야 할 4가지
존경심 / 책임감 /
사회성 / 생활력 | 148 |

| 06 | 출생 순위에 따라 성격 유형이 다르다
형제자매의 인간관계 | 150 |

| 07 | 출생 순위에 따라 행동 유형이 다르다
부모의 관심 | 152 |

| 08 | 가정환경이 아이의 성격 형성에 미치는 영향
가족 구성원의 수와 성별 | 154 |

| 09 | 가정의 화목을 위해 내가 할 수 있는 일
개방 / 낙관 / 존경 | 156 |

| 10 | 가정불화의 원인을 찾고 개선하기 위해 노력한다
폐쇄 / 비관 / 단절 | 158 |

Column 6
아들러의 생애 ⑥
　전 세계 사람들뿐만 아니라
　딸에게도 큰 영향을 주다　160

Chapter 06
　KEYWORDS　161

Chapter 7
행복한 인생을 위한 일·우정·사랑의 기술

01 삶의 지표가 되는 3가지 인생 과업
일 / 우정 / 사랑   164

02 인생 과업 ①
'일'
생산적인 모든 활동   166

03 인생 과업 ②
'우정'
타인과의 모든 교제   168

06 인생 과업 ③
'사랑'
매우 친밀하고 깊은 관계   170

05 공동체 의식이 있어야 인생 과업을 완수할 수 있다
소속감 / 공헌감 / 상호 신뢰   172

06 용기를 잃으면 곤경에 처하게 된다
비난 / 낙담 / 공동체 의식 결여   174

07 승부를 내려는 욕구와 자기연민을 내려놓는다
우호적 / 협력적   176

08 배우자의 외도에 대해 감정적으로 대응하면 안 된다
건설적인 대화   178

09 '행운'과 '행복'의 차이
불운과 불행   180

10 인간은 본능적으로 소속감을 추구한다
자기 수용 / 타인 신뢰 / 공헌감   182

Column 7
아들러의 생애 ⑦
시대 상황과 사회 변화에 맞춰 끊임없이 진화하는 학문   184

Chapter 07
KEYWORDS   185

용어 색인   186

마치며   188

주요 참고문헌   190

Chapter 1

ALFRED ADLER
PSYCHOLOGY
VISUAL NOTES

아들러 심리학의
기본 이념

이 장에서는 심층심리학의 3대 거장으로 일컬어지는 알프레드 아들러의
이론과 사상을 체계화한 '아들러 심리학'의 기본 이념을 소개합니다.

KEY WORD → ☑ 공동체 의식

01 아들러 심리학을 배우는 목적은 무엇일까?

아들러 심리학은 인간이 행복하게 살기 위해 필요한 것이 무엇인지 알려줍니다.

아들러 심리학의 궁극적인 목표는 '공동체 의식'을 구축하는 것입니다. 공동체 의식이란 가족, 친구, 직장 등 공동체 내에서의 소속감, 공감, 신뢰, 공헌의 총칭입니다. 인간은 공동체 의식이 충만할 때 행복감을 느낍니다. 이는 아들러 심리학이 추구하는 이상향입니다. 공동체 의식 실천은 자신의 인생에 아들러 심리학을 적용하는 방법과 거의 같다고 할 수 있습니다.

공동체 의식 구축이 최종 목표이다

부하: 힘이 되어드리고 싶습니다.
상사: 곤란한 일이 있으면 언제든지 이야기하게.
직장

나도!
항상 같이 있는 모든 사람이 좋아!
어려울 때는 서로 도울 수 있어.
공동체

계속 지켜주고 싶어.
가족

'나는 공동체의 일원이며, 공동체는 나를 위해 일하고, 나는 공동체를 도울 수 있다'는 공동체 의식을 제대로 이해하면, 관심의 시야가 넓어지고 자기중심적 사고에서 벗어나게 됩니다. 공동체 의식 수준은 정신 건강의 바로미터이며 아들러 심리학의 중요한 지표입니다.

정신 건강의 바로미터

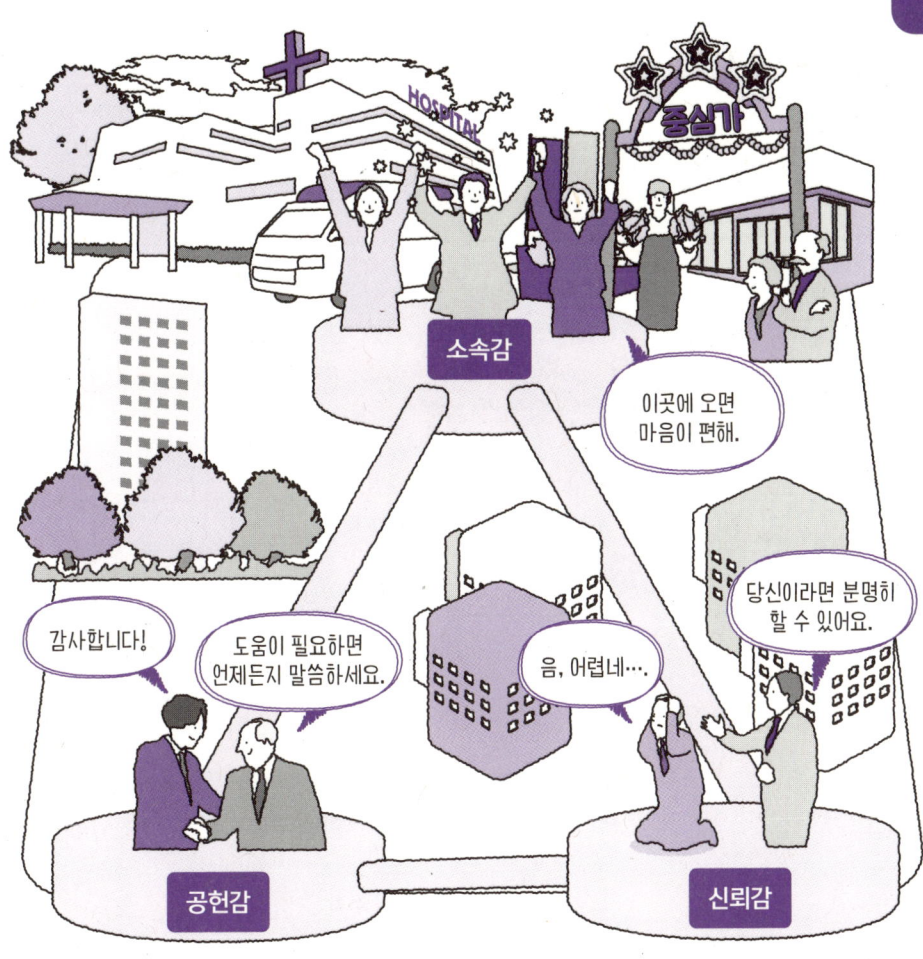

KEY WORD ➡ ☑ 능력 / 협력 / 활력

02 공동체 의식을 발전시키는 수단, '용기 부여'란 무엇일까?

'용기 부여'는 자신과 타인 모두 어려움을 극복할 수 있도록 활력을 주는 공동체 의식 실천 기술입니다.

자신과 타인 모두를 위한 공동체 의식을 키우는 기법으로 '용기 부여'가 있습니다. 여기서 용기는 인간관계의 어려움을 극복하는 힘을 말합니다. 인간은 누구나 목적을 가지고 있으며, 목적을 달성하기 위해 노력합니다. 용기 부여란 칭찬이나 격려가 아닌, '상대방이 자기 능력으로 동료와 협력하고 어려움을 극복할 수 있도록 활력을 불어넣어 주는 것'입니다.

칭찬이나 격려가 아닌 '용기 부여'

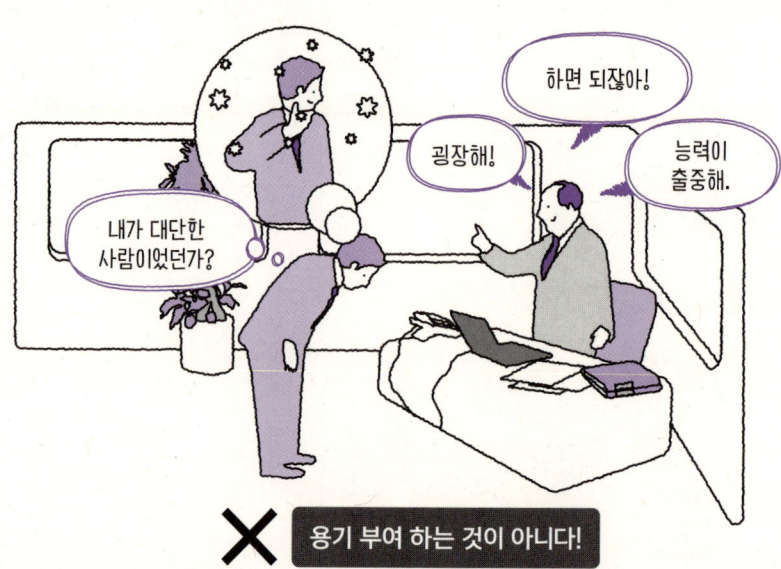

✗ 용기 부여 하는 것이 아니다!

부하 직원이 듣고 좋아할 만한 말을 하고 있지만, 이런 칭찬으로는 용기를 북돋울 수 없다.

20

'용기 부여'는 타인의 과제를 대신해주는 과도한 보살핌이나 간섭이 아닙니다. 곤경에 처한 사람을 무시하거나 방임하는 것도 당연히 아닙니다. 상대방의 잠재된 능력과 활력을 진심으로 믿고, 스스로 해낼 수 있도록 돕거나 참여하는 것이 용기 부여입니다.

자신의 힘을 믿고, 동료와 서로 도우며 살아갈 용기

KEY WORD ➡ ☑ 자기결정성 / 목적론 / 전체론 / 인간관계론 / 인지론

03 아들러 심리학의 '5대 전제'란 무엇일까?

아들러 심리학은 5가지 전제를 바탕으로 하고 있습니다.
이는 아들러 이론 그 자체라고도 할 수 있습니다.

아들러 심리학의 근본에는 '5대 전제'가 있습니다. '①운명은 자기 의지로 결정된다는 자기결정성, ②행동과 감정에는 원인이 아닌 목적이 있다는 목적론, ③의식과 무의식은 하나이며 분리될 수 없다는 전체론, ④감정과 행동에는 타인의 존재가 필수적이라는 인간관계론, ⑤인간은 주관으로만 사물을 보고 해석한다는 인지론'입니다.

아들러 심리학의 기본 철학 '5대 전제'

미래는 내 손 안에 있어.

1. 자기결정성
운명은 자기가 결정한다.

2. 목적론
목적을 염두에 두고 행동한다.

5대 전제는 아들러 심리학을 이해하고 활용하는데 전제가 되는 공통 이해입니다. 예를 들면, 아들러 심리학에서는 원인론이 아닌, 목적론으로 모든 현상을 이해하고 활용합니다. 5대 전제는 아들러 심리학 이론, 그 자체이자 지혜입니다. 이를 이해하고 활용하면, 일상의 어려움과 고민에 맞설 수 있게 되고, 더 나은 인생을 즐길 수 있습니다.

사물에 대해 사고하고 파악하는 방식을 바꾸다

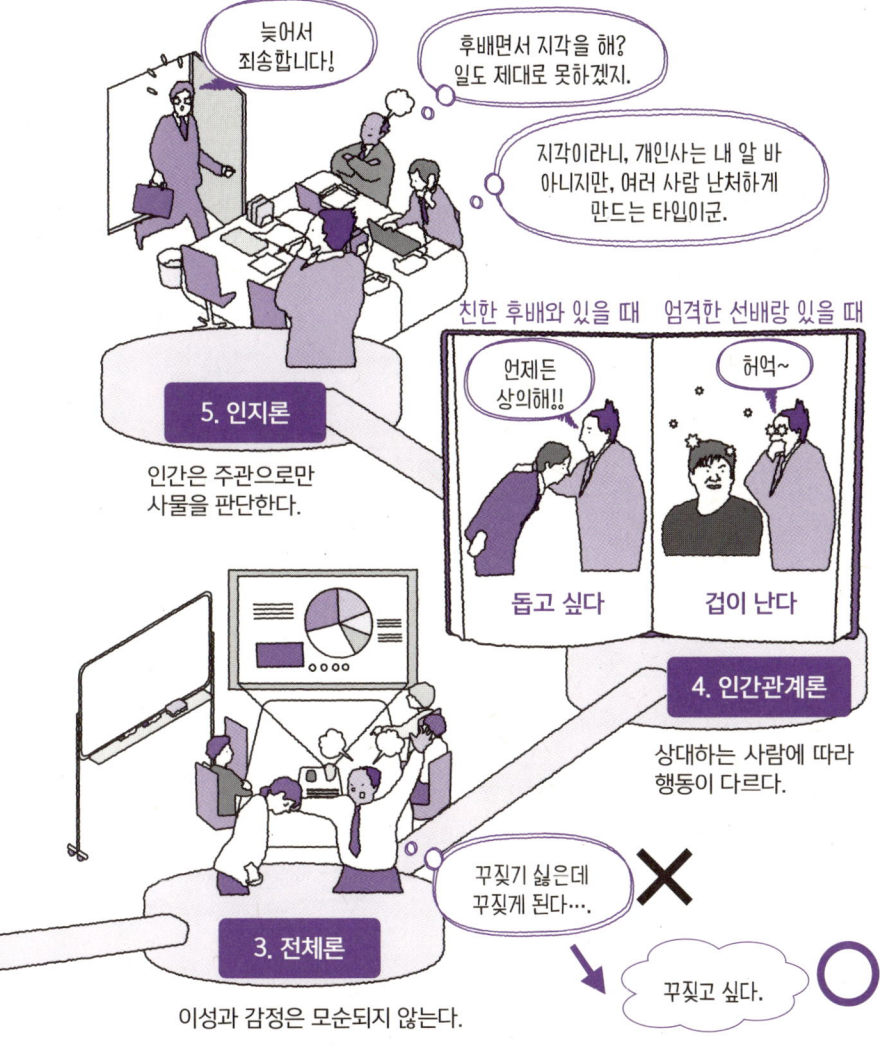

KEY WORD ➡ ☑ 인생의 주인공

5대 전제 ① '자기결정성'이란?

선천적 특질이나 성장 환경은 선택할 수 없지만, 인생을 결정하는 것은 환경이 아니라 바로 자신입니다.

'자기결정성'이란 자기 인생을 스스로 결정한다는 사고방식입니다. 자신이 직면한 불행을 환경 탓으로 돌리는 사람도 있지만, 아들러 심리학은 그러한 생각에 동의하지 않습니다. 자기가 처한 환경을 어떻게 인식하고 대응하느냐는 다른 누구도 아닌 자기 자신에게 달려 있으며, 모든 것은 그로 인한 결과입니다.

나의 불행은 내가 처한 환경 때문이 아니다

사람들은 실패와 불행한 사건에 대해 환경을 탓하는 경향이 있다.

선천적으로 약한 신체 기관이나 유년기의 학대 경험 등 유전적 특질과 성장 환경은 자신이 선택할 수 없으며, 이는 확실히 개인의 성격에 영향을 미칩니다. 하지만 어디까지나 영향을 미치는 요인일 뿐이지, 결과나 행동을 결정하는 요인이라고 할 수 없습니다.

'운명의 희생양'이 아닌 '인생의 주인공'으로

KEY WORD → ☑ 미래의 목표

05 5대 전제 ②
'목적론'이란?

원인에 주목하는 것은 해결책이 아닙니다.
인간은 미래를 위해 목적을 가지고 행동하는 동물입니다.

'목적론'이란 인간은 과거의 원인에 의해 움직이는 것이 아니라, 미래의 목표에 이끌려 행동한다는 사고방식입니다. 비록 본인이 자각하지 못해도 인간의 모든 행동과 감정에는 목적이 있습니다. 아들러는 자신의 목적을 이해하고 그에 맞는 올바른 접근 방식을 취하면, 고난이 닥쳐도 건설적으로 극복할 수 있다고 말합니다. 이는 프로이트가 추구한 '원인론'과 상반되는 이론입니다.

원인만 주시하지 않는다

윽…!

학교에서 괴롭힘을 당했을 때

원인론
목적론

프로이트는 인간의 행동에는 항상 원인이 있다는 '원인론'을 주장했습니다. 자녀를 학대하는 부모는 과거에 자신이 학대당한 경험이 있기 때문이며, 폐쇄은둔족은 과거에 따돌림을 당한 적이 있기 때문이라고 해석하는 것입니다. 원인론은 현상을 해석할 뿐, 문제 해결 방법을 제시하지는 못합니다. 아들러는 원인론에 반박하며 문제를 건설적으로 해결하려면 목적론으로 사고하고 행동해야 한다고 주장했습니다.

문제를 해결하려면 목적에 주목한다

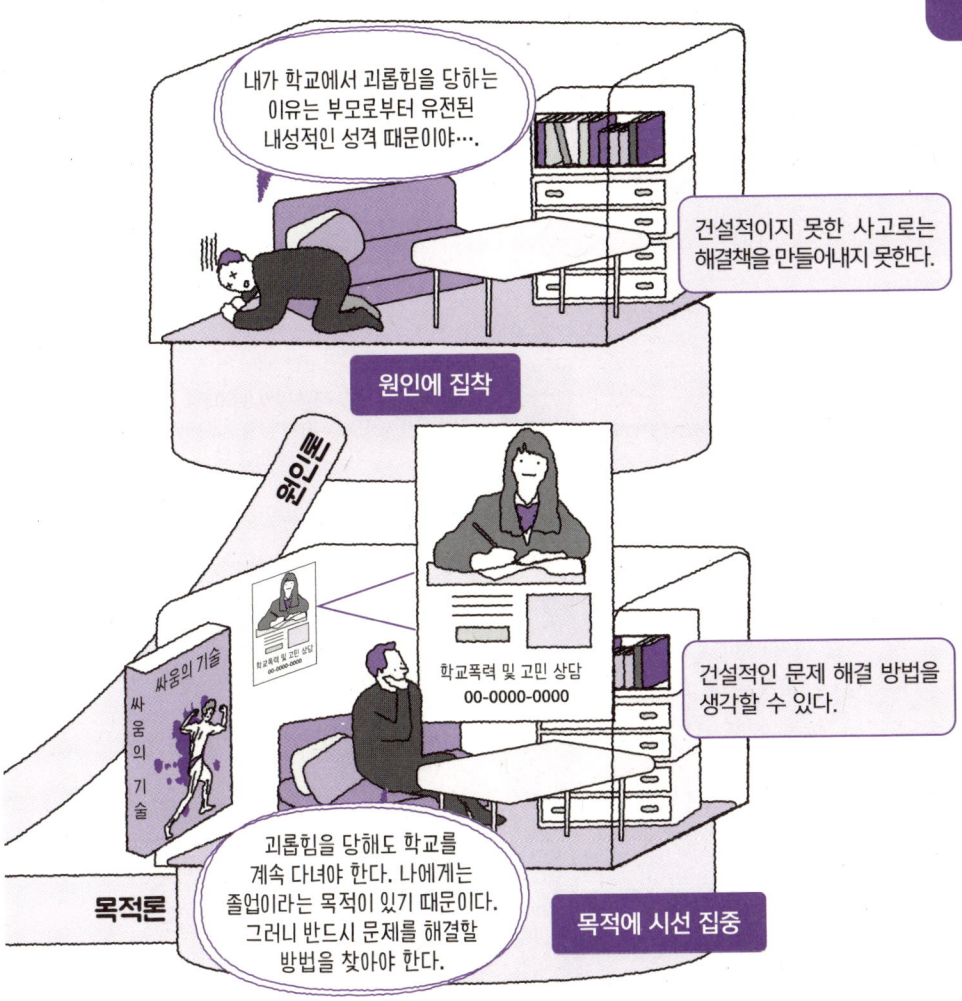

KEY WORD ➡ ☑ 상보적 관계

5대 전제 ③ '전체론'이란?

아들러는 인간을 구성하는 요소를 나누지 않습니다.
상반되는 감정이라도 서로 모순되지 않고 하나로 연결되어 있습니다.

'전체론'이란 인간의 마음은 모순되지 않으며 이성과 감정, 몸과 마음은 모두 연결된 하나라고 보는 개념입니다. 예를 들어, '끊고 싶지만, 끊을 수 없다'는 마음속의 모순이 아니라, '끊고 싶지 않음'을 지향하는 것입니다. 상반된 역할을 하는 액셀러레이터와 브레이크를 사용해도 목적지는 한 곳을 향하는 자동차처럼, 인간 역시 언뜻 보기엔 모순된 듯해도 동일한 목적을 추구하고 있습니다.

의식과 무의식은 하나이다

감정과 이성은 각각 독립적이며 서로 대립하는 듯하지만, 전체가 하나의 목적을 향하고 있다.

전체론에서는 이성과 감정, 몸과 마음, 의식과 무의식이 대립하거나 모순되지 않습니다. 나눌 수 없고, 서로 보완하는 상보적 관계로 해석합니다. 예를 들어 '이성으로는 알고 있지만, 감정을 억제할 수 없었다'는 변명을 내세우는 것은 '노력하려고 했지만 어쩔 수 없었다는 핑계일 뿐, 실제로는 안 하는 방향'을 자신이 선택한 것입니다.

이성과 감정을 분리하는 것은 불가능하다

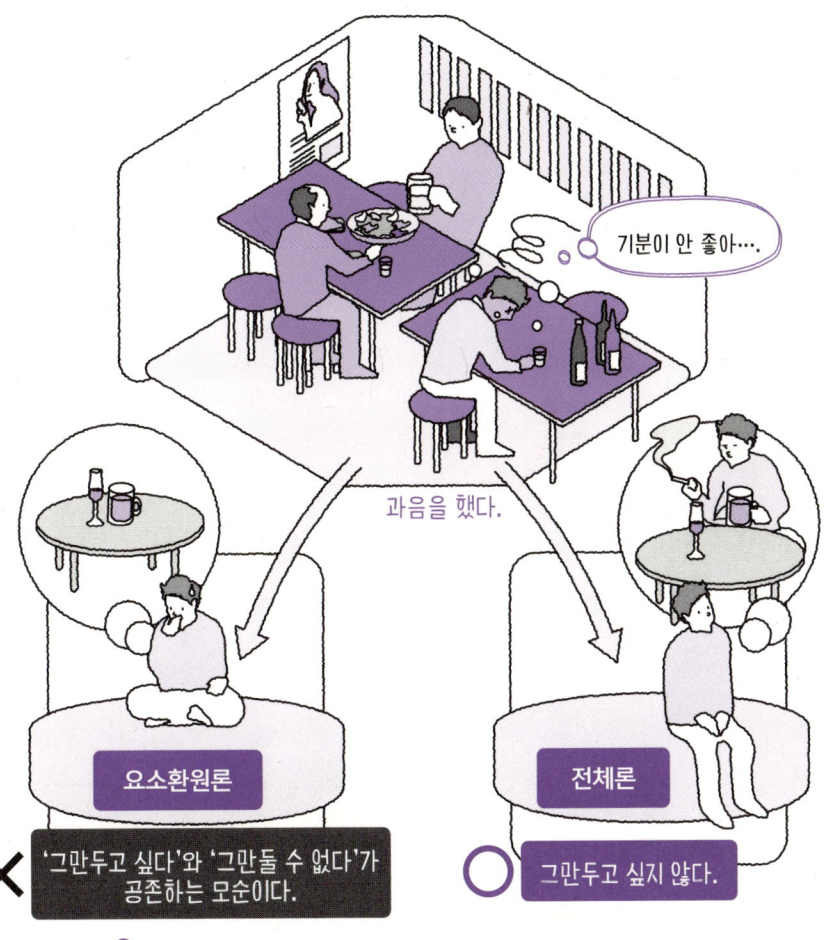

One point 요소환원론은 인간을 포함해 물체를 구성하는 모든 요소를 나누는 사고방식이다.

KEY WORD ➡ ☑ 상대역

07 5대 전제 ④ '인간관계론' 이란?

인간은 다른 사람과 함께 행동합니다.
인간관계 속에서 행동이 나오며 서로에게 영향을 미칩니다.

'인간관계론'이란 인간의 모든 행동에는 상대역이 존재한다는 사고방식입니다. 우리는 상대방의 행위에 영향을 받아 감정을 품고 행동하게 됩니다. 즉, 상대역이 존재하지 않으면 행동할 수 없습니다. 자신 역시 그 누군가의 상대역이며 서로 영향을 주고받습니다. 우리는 이러한 인간관계의 원리 속에서 살아가고 있습니다.

사람과의 관계가 없으면 행동이 나오지 않는다

가정 내 인간관계
칭찬받고 싶다.
가정에서는 착하고 온순하지만…
강하다는 걸 뽐내고 싶어.
학교 내 동급생과의 인간관계
학교에서는 친구를 괴롭히는 아이

사람은 상대방이 누구냐에 따라 느끼는 감정과 취하는 행동이 다릅니다. 상대방을 제대로 파악하려면, 그 사람의 행동에 어떤 목적이 있는지 이해하는 것이 효과적입니다. 상대방의 사고 자체에 접근하기보다 행동의 목적에 주목하면, 상대방이 어떤 장면에서 어떤 행동을 할 것인지 예측하고 대처할 수 있습니다.

상대방에 따라 달라지는 행동의 목적에 주목한다

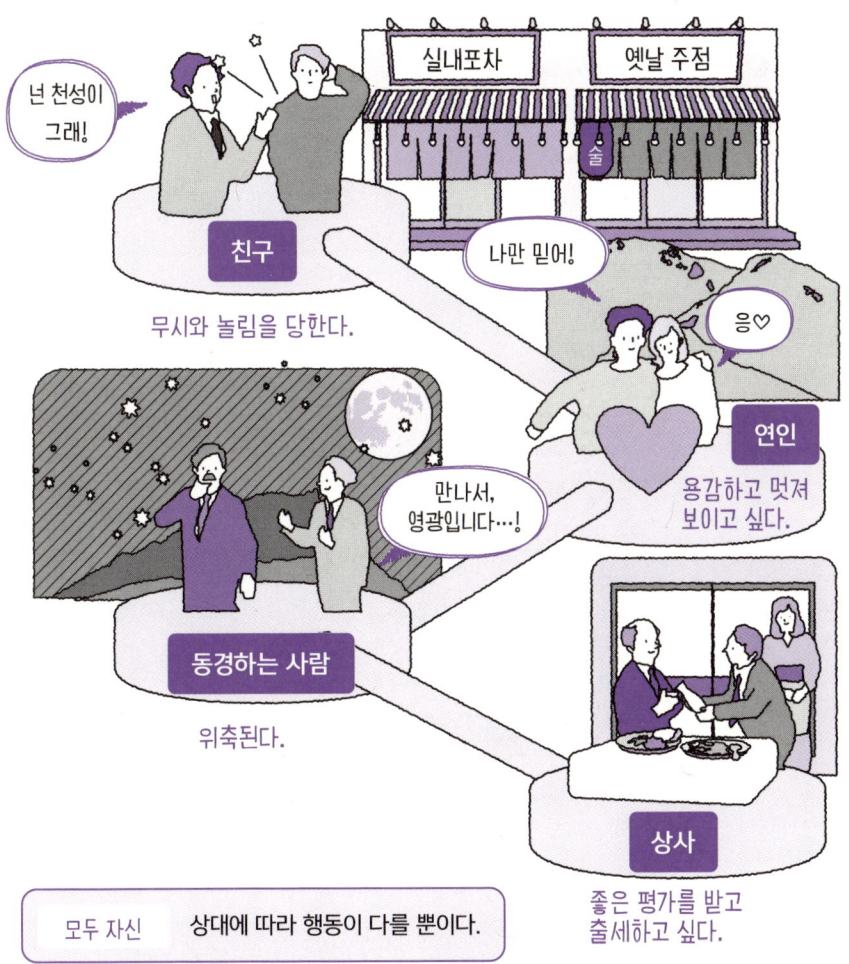

KEY WORD → ☑ 주관적 인식

08   5대 전제 ⑤ '인지론'이란?

모든 사람은 개인 고유의 색안경을 통해 사물을 봅니다.
그러나 관점은 바뀔 수 있습니다.

'인지론'이란 인간은 모든 사물을 주관적으로 인식한다는 생각입니다. 사실을 있는 그대로 객관적으로 파악하는 것은 애당초 불가능하다는 의미입니다. 객관적으로 사실을 파악하고 있다고 생각할 뿐, 누구나 자신만의 고유한 색안경을 끼고 사물을 보며, 자기가 취하고 싶은 대로 주관적 의미를 부여합니다.

누구나 받아들이고 싶은 대로 받아들인다

대상은 같은 돼지라도 어떻게 느끼는지는 사람마다 제각각이다.

과거 경험과 개인 취향으로 색칠한 안경을 쓰고 사물을 바라보면 의미가 달라집니다. 이 색안경을 사적 감각(P.50 참조), 사적 논리(P.66 참조)라고 하며, 자칫하면 잘못된 확신으로 인해 비생산적이고 비건설적인 행동을 취하게 될 위험이 있습니다. 잘못된 확신을 바로 세우면 부정적 악순환에 빠지는 것을 막을 수 있습니다.

사람마다 느끼는 방식이 다르다

KEY WORD ➡ ☑ 인간의 이해

09 프로이트 심리학과 무엇이 다를까?

프로이트와 동시대를 살았던 아들러는 많은 부분에서 프로이트와 상반된 이론을 주창했습니다.

아들러와 동시대를 살았으며 연구 동료였던 프로이트는 아들러와 함께 '심층심리학 3대 거장'으로 불리는 심리학의 권위자입니다. 그러나 아들러 심리학의 5대 전제는 프로이트의 생각과 정반대입니다.

요소분할적 관점에서 객관적으로 인간의 심층심리를 이해하고 심화하고자 한 프로이트와 달리, 아들러 심리학은 전체론을 전제로 주관적 존재로서의 인간관계에 초점을 맞추고 있습니다.

프로이트와 다른 견해를 가진 아들러

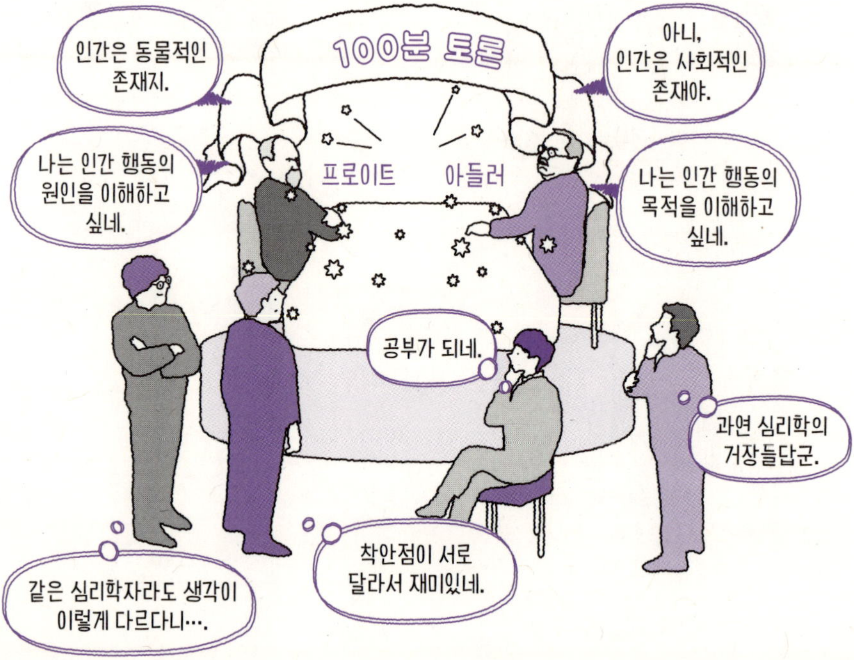

- 인간은 동물적인 존재지.
- 아니, 인간은 사회적인 존재야.
- 나는 인간 행동의 원인을 이해하고 싶네.
- 나는 인간 행동의 목적을 이해하고 싶네.
- 100분 토론 — 프로이트 / 아들러
- 공부가 되네.
- 과연 심리학의 거장들답군.
- 착안점이 서로 달라서 재미있네.
- 같은 심리학자라도 생각이 이렇게 다르다니….

프로이트 심리학은 인간이 동물적 본능에 따라 행동한다고 주장했으나, 아들러는 인간 행동의 목적은 사회와 인간관계 속에 있다고 주장했습니다. 또한, 프로이트 심리학은 인간을 '수많은 요소의 집합체'로 보고, 인간 행동의 원인이 무엇인가에 초점을 맞췄습니다. 이는 아들러의 목적론과 상반됩니다.

1 아들러 심리학의 기본 이념

인간을 이해하는 관점이 다르다

아들러의 생애 ①

부유하고 자유로운 환경에서 성장한 심리학자

아들러는 1870년, 오스트리아에서 부유한 곡물상의 일곱 자녀 중 차남으로 태어났습니다. 가정환경 및 부모, 형제들과의 관계는 이후 아들러 심리학의 근간이 됩니다.

아들러를 포함한 일곱 형제자매는 엄하지도, 그렇다고 자애롭지도 않았던 아버지의 교육방침에 의해 자유를 존중하는 민주적인 가정 분위기에서 자랐습니다. 이러한 가정환경은 모든 사람을 평등하게 대하고 권위를 싫어했던 아들러의 인간성에 큰 영향을 미쳤습니다. 아들러는 남동생이 갑작스럽게 사망한 날, 웃고 있던 어머니의 모습에서 무자비함을 느꼈고 오랫동안 미워했습니다. 이러한 일화에서도 아들러의 인품을 엿볼 수 있습니다.

아들러는 유년기에 칼슘 결핍 및 기타 원인으로 '구루병'이라는 뼈 질환을 앓았습니다. 게다가 다섯 살 때 폐렴으로 죽음에 이를 뻔한 큰 위기를 겪게 됩니다. 그에 비해 우월하고 건강한 신체를 가진 두 살 터울의 형은 아들러에게 동경의 대상이자 경쟁 상대였습니다. 이러한 경험들이 후에 아들러가 의사를 지망하게 된 계기가 됩니다.

Chapter 1 용어해설 KEYWORDS

☑ KEY WORD
자기결정성

자신의 인생은 스스로 결정해야 한다는 사고방식이다. 선천적 특질이나 성장 환경은 스스로 선택할 수 없지만, 처한 환경을 인식하고 대응할 방법을 결정하는 것은 자신뿐이며, 모든 것은 그로 인한 결과이다.

☑ KEY WORD
목적론

인간은 과거의 원인에 이끌리기보다 미래의 목적을 향해 행동한다는 사고방식이다. 우리가 무언가를 결심할 때는 반드시 미래를 향한 의지가 작용한다. 아들러는 미래로 눈을 돌리고 구체적으로 문제를 해결해 가야 한다고 주장했다.

☑ KEY WORD
전체론

인간의 마음은 모순되지 않으며 이성과 감정, 몸과 마음, 의식과 무의식이 모두 하나로 연결되어 있다는 사고방식이다. 서로 모순되고 상충하는 것이 아니라, 서로 보완하는 상보적 관계로 해석한다.

☑ KEY WORD
인간관계론

인간의 모든 행동에는 반드시 상대역이 존재한다는 사고방식이다. 우리는 상대방의 행동으로부터 영향을 받아 감정을 품고 행동하므로 상대역이 존재하지 않으면 행동할 수 없다. 상대방의 행동에 어떠한 목적이 있는지 이해해야 상대를 정확하게 파악할 수 있다.

☑ KEY WORD
인지론

인간은 모든 사물을 주관적으로 인식한다는 사고방식이다. 누구나 자신의 고유한 색안경으로 보기 때문에 사실을 객관적이고 있는 그대로 파악하는 것은 애당초 불가능하다. 우리가 인식하는 모든 것은 자신이 받아들이고 싶은 대로 받아들인 주관적 의미 부여라고 할 수 있다.

Chapter 2

ALFRED ADLER
PSYCHOLOGY
VISUAL NOTES

부정적인 마음이 악순환되는 이유

힘들고 슬픈 일이 있으면 나이, 성별을 불문하고 누구라도 기분이 침체됩니다.
이 장에서는 아들러가 정의한 이론에 따라 우리 마음속에 분노, 슬픔 등의 부정적 감정이 생겨나는 원리와 대처 방법에 관해 설명합니다.

KEY WORD → ☑ 삶의 방식

01 건강한 정신을 위해 필요한 조건

정신 건강은 신체 건강과 밀접한 관련이 없습니다.
신체 조건이 어떻든 스스로 인생을 선택할 수 있습니다.

아들러 심리학에서는 신체가 건강하지 않아도 건강한 정신을 실현할 수 있다고 믿습니다. 물론 신체적으로 건강하다면 그보다 더 좋을 수 없지요. 그러나 신체적으로 심각한 상태라 할지라도 앞으로 어떻게 살고 어떻게 죽을지를 스스로 결단하고 선택할 수 있다면 정신적으로 건강한 인격을 가지고 있다고 할 수 있습니다.

삶의 방식을 스스로 결단하고 선택한다

건강한 육체에 건강한 정신이 깃든다. 는 틀렸다!

신체가 건강하지 않아도 건강한 정신을 실현할 수 있다.

건강한 사람

아픈 사람

미래

좋아, 저기다!

인생을 어떻게 살아갈지 스스로 결정할 수 있다.

정신적으로 건강한 사람

정신 건강을 위해 감정적 측면도 들여다보아야 합니다. 분노, 슬픔, 우울, 불안과 같은 부정적인 감정에 갇혀 있는 상태는 건강하다고 할 수 없지요. 부정적인 감정은 주로 타인을 통제하려고 할 때 드러납니다. 특히, 분노는 자기 생각대로 타인을 지배하고 통제하려는 목적에서 탄생합니다. 타인을 향한 통제 욕구를 내려놓으면 분노도 자연스럽게 가라앉습니다.

분노, 슬픔, 우울, 불안을 품지 않는다

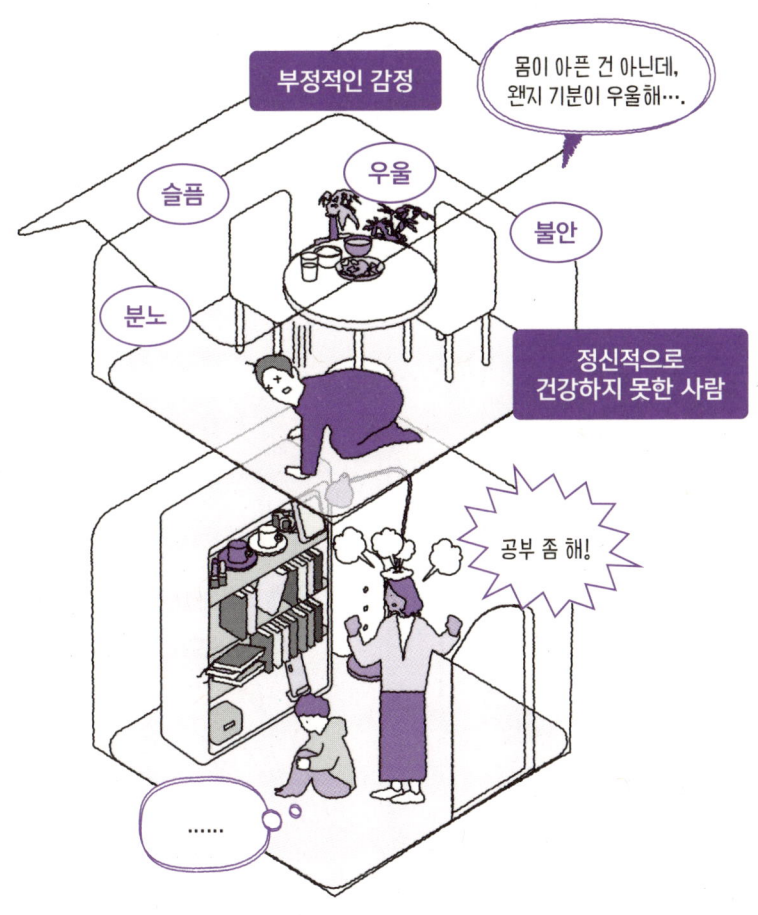

분노는 타인을 지배하려고 할 때 생긴다.

KEY WORD → ✓ 수평적 관계

02 모든 행동에는 목적이 있고 그 목적이 감정을 만든다

수직적 관계에서 상대를 지배하려고 해서는 안 됩니다.
좋은 인간관계를 맺기 위해서는 수평적 관계로 연결되어야 합니다.

아들러는 '인생에서 일어나는 문제의 대부분은 인간관계에서 비롯된다'고 말했습니다. 건강하고 행복한 삶을 영위하려면 반드시 좋은 인간관계를 맺어야 합니다. 좋은 인간관계란 수직적 관계가 아닌 수평적 관계를 맺는 것입니다. 수직적 관계는 우등과 열등, 선과 악, 옳음과 그름, 우위와 하위의 관계이자 경쟁적 관계입니다. 아들러 심리학에서는 수직적 관계가 정신 건강을 훼손하는 주요 요인이라고 지적합니다.

수직적 관계에서 수평적 관계로

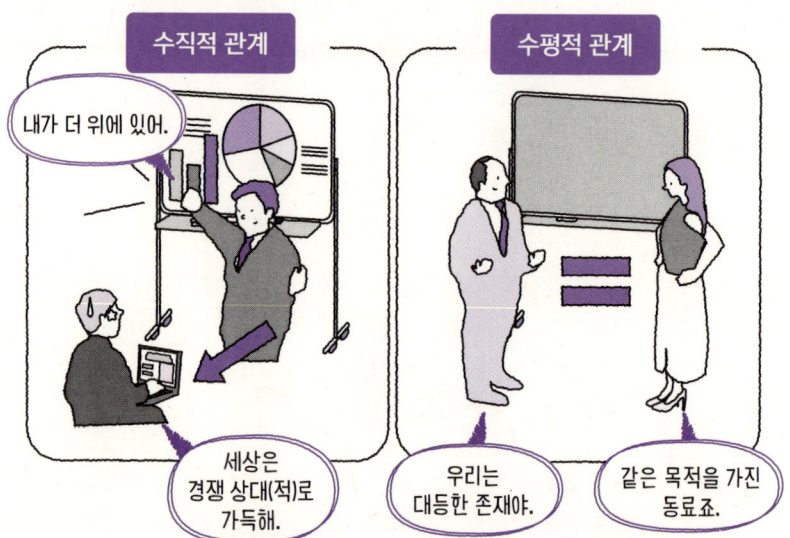

42

수직적 관계에서 벗어나려면 감정 구조를 이해해야 합니다. 인간의 모든 행동에는 목적이 있고, 목적 달성을 위한 수단으로 감정을 만들어 냅니다. 상대를 지배하려는 목적으로 만들어낸 감정은 수직적 관계를 지향합니다. 인간관계 갈등을 조장하는 부정적이고 파괴적인 감정을 다스리려면 이러한 감정 구조를 제대로 알아야 합니다.

모든 행동에는 목적이 있음을 이해한다

KEY WORD ➡ ☑ 감정의 3가지 특성

03 감정의 역할과 목적은 무엇일까?

생각과 감정은 밀접하게 연결되어 있습니다.
자신을 알기 위해서는 먼저 자신의 감정을 이해하는 것이 중요합니다.

아들러 심리학에서는 인간의 감정이 모두 마음속에 있는 것은 아니라고 믿습니다. 감정은 자신과 타인, 그 사이에 있습니다. 목적을 위해 만들어지므로 마음속에 축적되지 않고, 외부로 드러나는 것입니다. 분노할 만한 일을 겪은 사람이 "나 화 안 났어."라고 말해도 본인만 모를 뿐, 주변 사람들에게는 분노 감정이 전달되는 사례를 떠올려 보면 알 수 있습니다.

감정은 외부를 향해 만들어진다

감정은 자신과 타인의 사이에서 만들어진다.

감정은 다음과 같은 3가지 특성이 있습니다.
 '①신체, 사고, 행동과 밀접한 관련이 있다. ②사고가 '이성적 회로'를 담당하는 데 반해, 감정은 '비이성적 회로' 역할을 한다. ③행동을 위한 연료 공급 역할을 담당한다.'
 사고와 감정은 떼려야 뗄 수 없는 관계입니다. 사고가 배신을 당하면 분노 감정이 일어납니다. 자신을 알기 위해서는 먼저 자신의 감정을 파악해야 합니다.

감정의 역할이란?

KEY WORD ➡ ☑ 긍정적 사고

04 '낙천적'과 '낙관적'은 무엇이 다를까?

아무런 근거 없이 긍정적인 '낙천주의'는 위험하지만, '낙관주의' 사고방식은 자신에게 용기를 부여하는 데 중요합니다.

아들러는 '슬픔은 자신과 타인을 분리하고, 기쁨은 자신과 타인을 연결한다'고 말합니다. 웃음을 유발하는 감정은 사람과 사람을 이어주는 데 중요한 역할을 합니다. 웃음은 타인뿐만 아니라 자신에게도 중요합니다.

일단 웃으면 긍정적 사고와 일상이 세트로 따라옵니다. 긍정적인 사고는 자신에게 용기를 부여합니다. 결과적으로 웃음은 인생에 긍정적 선순환을 일으키는 핵심 동력입니다.

웃음은 사람과 사람을 이어준다

웃음 = 사람과 사람을 이어준다.

낙천주의와 낙관주의는 모두 긍정적인 사고지만, 이 둘에는 큰 차이가 있습니다. 낙천주의는 아무 근거 없이 '어떻게든 다 잘 될 거야'라고 믿습니다. 그러나 안 좋은 일이 생기면 안일하게 대처하거나 현실에서 도피하므로 위험합니다. 반면, 낙관주의는 안 좋은 일이 생겨도 '최선의 해결책을 생각해 내면 된다'고 생각합니다. 낙관주의 사고방식을 가져야 자신에게 용기를 부여할 수 있습니다.

> **낙관주의자는 침착하게 최선의 해결책을 생각한다**

낙관주의는 자신을 위한 용기이다.

KEY WORD ➡ ☑ 이상과 현실의 괴리

05 열등성, 열등감, 열등 콤플렉스의 차이

건전하지 못한 것은 '열등감'이 아니라 '열등 콤플렉스'입니다.
열등감을 발판으로 최선을 다 할 수 있는 상태를 목표로 합시다.

아들러 심리학에는 '열등'이 사용되는 3가지 용어가 있습니다. '열등성', '열등감', '열등 콤플렉스'입니다. '열등성'은 선천적 혹은 후천적 장애를 말합니다. '열등감'이란, 이상과 현실의 괴리에서 발생하는 주관적이고 부정적인 감정을 총칭하는 용어입니다. 일반적으로 사람들은 이상과 현실 사이의 괴리를 크게 느낄수록 괴로워합니다.

열등감은 이상과 현실의 괴리

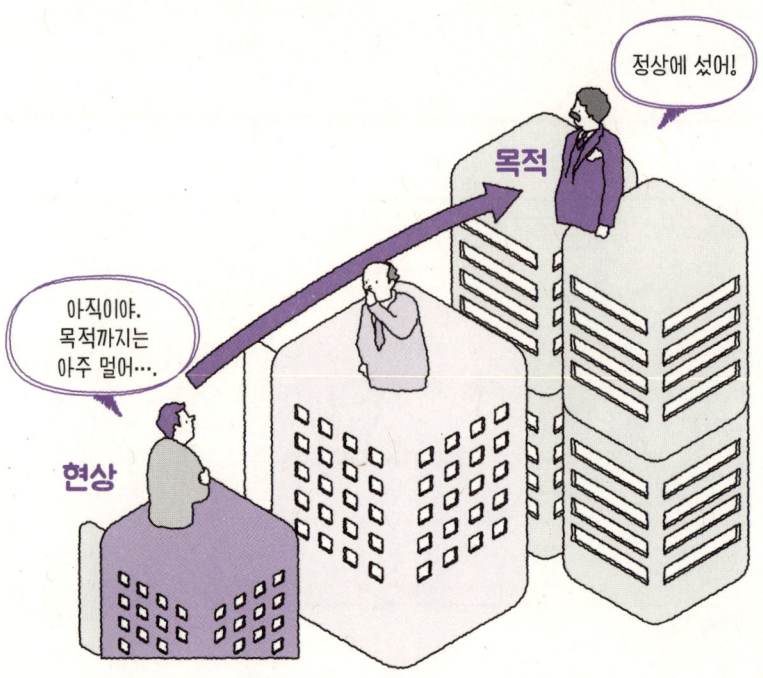

'열등 콤플렉스'는 자신이 열등하다는 이유를 내세워 인생에서 해결해야 할 과제를 피하려는 행위나 태도를 의미합니다. 아들러는 열등 콤플렉스를 '비정상적이고 불건전한 상태의 열등감'이라고 정의합니다. 열등감을 발판 삼아 노력하는 사람은 '열등감'이 있을지언정, '열등 콤플렉스'는 없습니다.

'열등감'과 '열등 콤플렉스'는 다르다

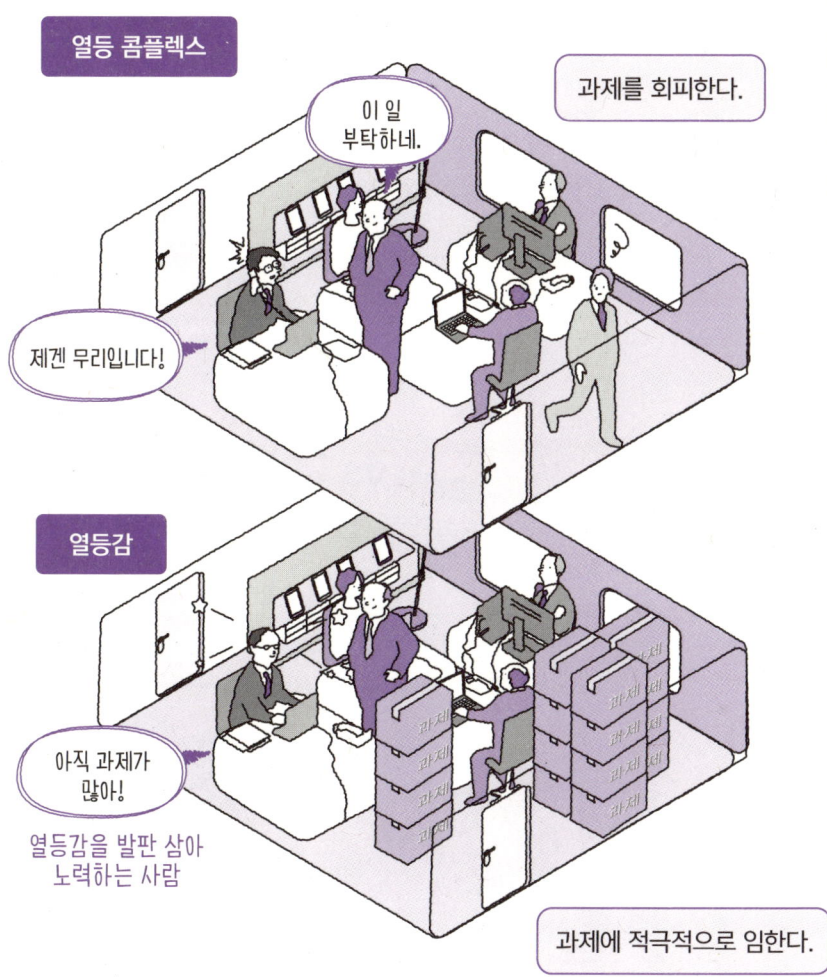

KEY WORD ➡ ☑ 단정 / 과장 / 간과 / 지나친 일반화 / 그릇된 가치관

06 인간을 지배하는 '기본적 오류'란?

인간은 주관적인 관점으로만 사물을 볼 수 있습니다.
위기가 닥쳤을 때는 기본적 오류에 주의해야 합니다.

인간은 사물을 파악할 때, 객관적 사실이 아닌 주관적 의미를 부여합니다. 자신과 타인 그리고 인생에 관한 자기 고유의 견해·느낌·가치관을 '사적 감각'이라고 합니다. 사적 감각은 개인 고유의 색안경으로 비유할 수 있습니다. 아들러 심리학에 따르면, 인간은 부정적 사고뿐만 아니라 긍정적 사고에서도 왜곡된 견해를 가지고 있습니다.

누구나 고유의 색안경으로 사물을 본다

사적 감각으로 주변 사람들과 마찰을 일으키고, 세상을 부정적으로 해석하게 만드는 왜곡된 사고방식을 '기본적 오류'라고 합니다. 주로 많이 발생하는 기본적 오류 5가지를 꼽으면 '단정', '과장', '간과', '지나친 일반화', '그릇된 가치관'입니다. 위기가 닥쳤을 때, 대부분은 기본적인 오류에 지배당하는 경향이 있습니다.

인간을 지배하는 5가지 오류

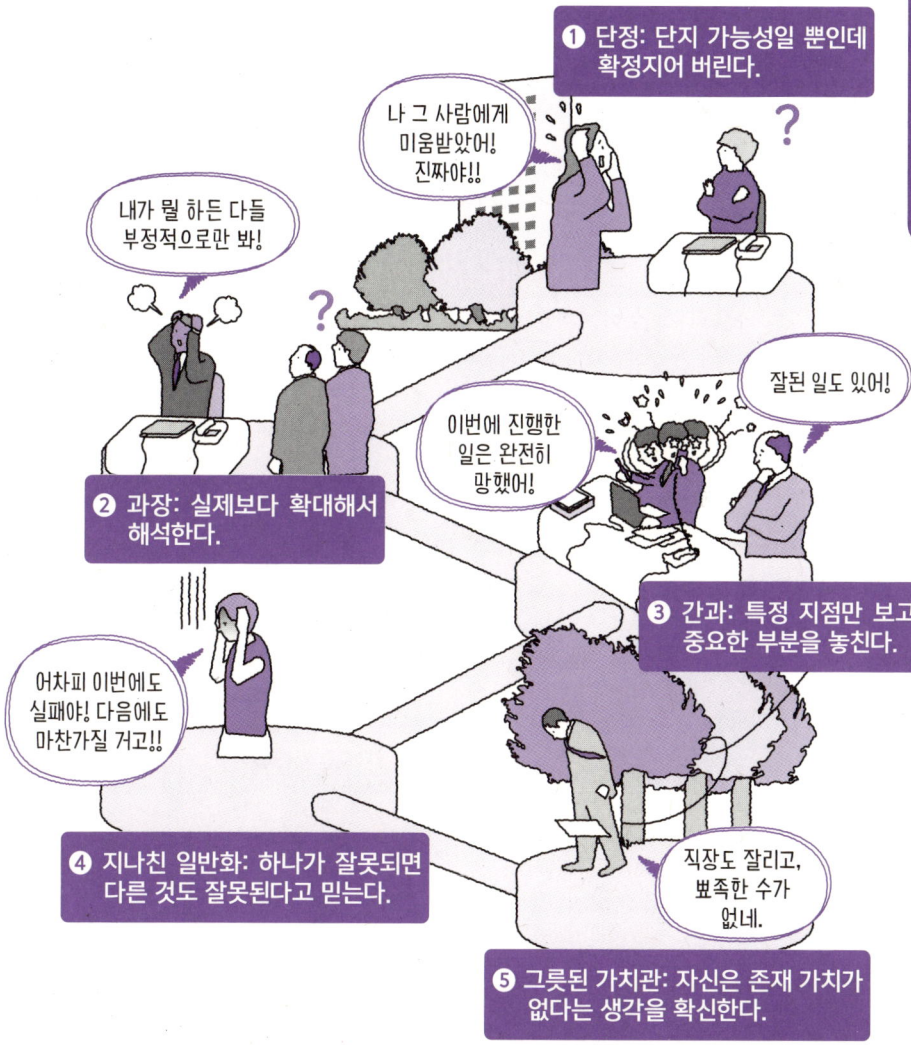

❶ 단정: 단지 가능성일 뿐인데 확정지어 버린다.

❷ 과장: 실제보다 확대해서 해석한다.

❸ 간과: 특정 지점만 보고 중요한 부분을 놓친다.

❹ 지나친 일반화: 하나가 잘못되면 다른 것도 잘못된다고 믿는다.

❺ 그릇된 가치관: 자신은 존재 가치가 없다는 생각을 확신한다.

KEY WORD → ☑ 주관적 인지

07 인간이 사물을 객관적으로 파악할 수 없는 이유

누구에게나 주관적 인지가 객관적 사실보다 더 중요합니다.
주관적 인지를 의도적으로 바꾸면 문제를 해결할 수 있습니다.

아들러 심리학에 따르면, 인간은 사물을 인지하는 방식이 저마다 다르고 주관적입니다. 새로운 팀장이 부임한 상황을 상상해 봅시다. 팀원들은 각자 자신의 취향과 경험에 근거한 자기 척도로 처음 만난 팀장을 판단합니다. 즉, 인간은 객관적 사실보다 자기 나름대로 부여한 주관적 의미를 더 중요하게 여기는 경향이 있습니다.

인간은 사물을 주관적으로 인지한다

이번에 새로 부임한 팀장 ○○○입니다.

인간은 자신이 주관적으로 의미를 부여한 세계를 본다.

엄격할 것 같아. 싫다~.

인품이 좋아 보인다.

같은 처지에서 같은 사건을 겪어도, 상황을 어떻게 받아들일지는 각자의 주관에 따라 다릅니다. **주관적 인지를 의도적으로 바꾸면 느끼는 방식도 달라집니다.** 업무나 인간관계 문제로 고민에 빠졌을 때, 관점을 바꿔 기회로 삼으면 의외로 쉽게 해결될 수도 있습니다.

느끼는 방식을 바꾸고 문제를 해결한다

KEY WORD ➡ ☑ 개인적 정의

08 분노가 생기는 구조를 알면 화내지 않을 수 있다

어느 쪽이 '옳다', '그르다'는 생각은 마음속에 분노를 불러일으킵니다.

　분노는 옳고 그름에 대한 생각과 밀접한 관련이 있는 감정입니다. 아들러 심리학은 옳고 그름을 따지기보다 '행복해지기 위해서는 어떤 생각이 편한가 혹은 불편한가'라는 관점을 중시합니다. 옳고 그름은 결국 개인적 정의지만, 부모와 자식 간의 갈등부터 국가 간의 전쟁까지 세상에서 일어나는 갈등의 대부분은 옳고 그름에 대한 관점과 사고에서 비롯된다고 할 수 있습니다.

'옳고 그름'은 갈등의 원인이 된다

분노의 주요 목적
정당성:
부하들을 지배하고 싶다.
주도권을 잡고 싶다.
나의 권리를 지키고 싶다.
등등

오늘까지 기획서 완성해야 한다고 했잖아!

내 생각이 항상 옳아!

윽박지른다고 기획서가 완성되는 게 아니라고요.

죄송합니다.

분노의 근원에는 'ㅇㅇ여야 한다', 'ㅇㅇ해야 한다'와 같은 개인 고유의 신념과 사고가 내재합니다. '내가 옳고, 너는 틀리다'라는 수직적 관계의 사고방식이 분노를 불러일으키고 다툼을 유발합니다. 분노는 통제하기 가장 어려운 감정 중 하나입니다. 이것은 옳고 저것은 그르다는 생각을 멈춰야 좋은 인간관계를 구축할 수 있습니다.

어느 쪽이 옳은가를 따지지 않는다

KEY WORD → ☑ 후회와 부정

09 원인을 지나치게 추궁하면 부정적 악순환에 빠진다

원인을 찾는 일에 너무 집착하면 안 됩니다.
앞으로 무엇을 할 수 있을지 미래지향적으로 생각해 봅시다.

문제가 발생하면 보통 '그때 무엇이 잘못된 거지?'라며 과거에서 원인을 찾으려고 합니다. 이를 '원인론'이라고 합니다. 원인을 지나치게 추궁하면 '그 사람 때문에 일어난 일이다'라며 범인 찾기가 시작되고, '과거를 후회하고 현재를 부정하는' 부정적 악순환에 빠지게 됩니다. 설령 원인을 찾아도 과거는 바꿀 수 없습니다.

인과관계만 따지면 부정적 악순환에 빠진다

과거
- 초등학생 때부터 잘못됐어.
- 중학생 때도 문제가 있었어.
- 취업 진로도 잘못 잡았어.

지금의 실패는 과거가 원인이야!

현재

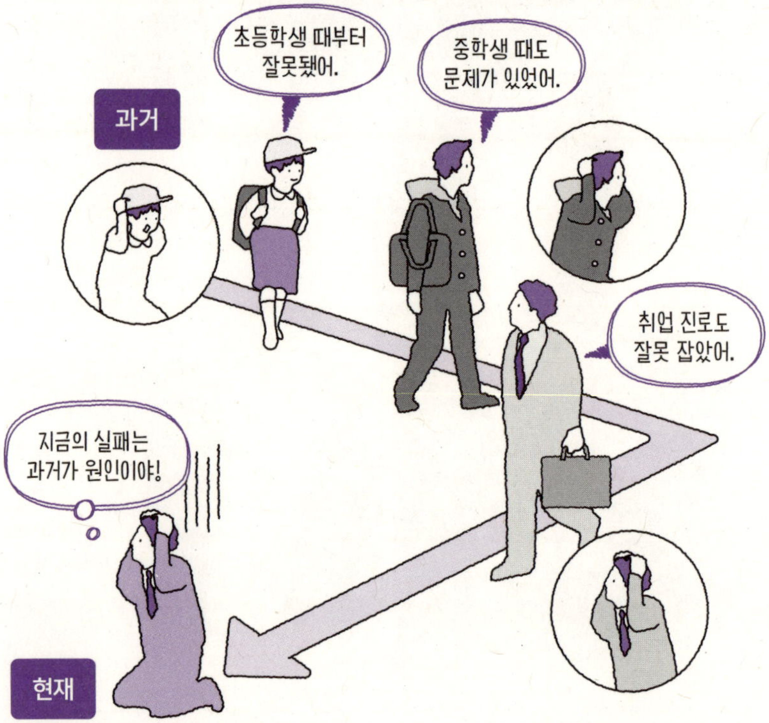

아들러 심리학의 '목적론'은 '인간의 모든 행동에는 개인 특유의 의사를 수반한 목적이 있다'는 생각입니다. 목적론은 타인을 탓하지 않고 자신의 문제로 인지합니다. 과거와 달리 미래는 자기 하기 나름에 따라 바꿀 수 있습니다. 목적을 위해 앞으로 무엇을 할 수 있는지 생각하는 것이 목적론적 사고입니다. 목적론적 사고는 자신에게 용기를 부여하는 매우 유용한 수단입니다.

목적을 위해 할 수 있는 일을 생각하라

KEY WORD ➡ ☑ 자기기만

10 '고민'은 무의식적으로 자기정당화를 조장한다

자신을 보호하는 수단이기도 한 '자기정당화'에 주의합시다.
잘못된 일에 대한 원인을 남의 탓으로 돌리지 말아야 합니다.

사람들은 대체로 자신이 옳다고 믿고, 잘못된 일은 타인과 상황 때문이라고 여기며 살아갑니다. 이를 '자기정당화'라고 합니다. 자기정당화가 무조건 나쁜 것은 아닙니다. 자신을 보호하는 효과적인 수단이기도 합니다. 물론, 자신을 보호하겠다는 목적이 잘못된 것은 아니지만, 다른 방법을 취하는 것이 더 건설적입니다.

인간은 누구나 자신을 정당화하며 살고 있다

58

때로는 자기정당화가 자기기만이 될 수 있습니다. 해결해야 할 문제를 임시방편으로 외면하는 선에서 끝내는 것입니다. 자신의 행동을 개선하면 문제를 해결할 수 있음에도 문제의 원인을 타인에게 돌리고, 자기 자신도 속입니다. 결국 문제는 해결되지 못하고, 같은 상황이 되풀이됩니다.

자기기만은 그 무엇도 변화시킬 수 없습니다. 문제를 직면하고 자신의 행동을 적극적으로 개선해야 합니다.

자기정당화는 자기기만으로 이어진다

※문제 해결로 향하지 않고 고민만 하면 자기기만으로 이어질 수 있다!

아들러의 생애 ②

파국의 위기를 극복한 한 여성의 사랑

아들러는 27세에 결혼하였고 4명의 자녀를 두었습니다. 정치 집회에서 아내 라이자를 만났고, 교제한 지 일 년도 채 되지 않아 결혼했습니다. 아들러는 총명하고 열정적이며 아름다운 라이자를 깊이 사랑했습니다.

아들러는 노년에 생사를 가를 만큼 위독한 병을 앓게 됩니다. 아내와 딸의 병문안에 큰 기쁨을 느꼈고, 이내 병세에서 회복되었습니다. 아내와 자녀에 대한 애정을 느낄 수 있는 아름다운 일화지만, 사실 아들러의 결혼 생활은 순탄치 않았습니다.

라이자는 육아와 집안일이 여성의 역할이라는 고정관념에 동의하지 않았고 아들러는 그녀의 생각에 반발했습니다. 이러한 견해차가 원인이 되어 결국 아들러 홀로 미국행을 택하였고, 긴 별거에 들어갑니다. 아들러는 라이자에게 여러 차례 편지를 보냈으나 답장이 없었습니다. 라이자는 아들러가 사망하기 2년 전에 미국으로 이주합니다. 서로 엇갈린 삶도 있었지만, 말년에는 부부로 함께 지낼 수 있었습니다.

Chapter 2 용어해설 KEYWORDS

☑ KEY WORD
낙관주의, 낙천주의

낙관주의는 일상에서 안 좋은 일이 생겼을 때 '최선의 해법을 생각하면 괜찮다'고 생각한다. 반면, 낙천주의는 아무 근거도, 해결책도 없이 무조건 잘 되리라 맹목적으로 믿는다. 따라서 안 좋은 일이 생기면 안일하게 대처하거나 도피하는 경향이 있다.

☑ KEY WORD
열등 콤플렉스

자신의 열등함을 이유로 인생에서 해결해야 하는 과제를 피하려는 태도나 행동을 말한다. 이상과 현실의 괴리로 인한 주관적이고 부정적인 감정을 통틀어 '열등 콤플렉스'라고 하며, 비정상적이고 불건전한 상태의 열등감이다.

☑ KEY WORD
기본적 오류

주변 사람들과 마찰을 일으키고, 일상을 힘들게 만드는 왜곡된 사고방식을 말한다. '단정', '과장', '간과', '지나친 일반화', '그릇된 가치관'은 대표적인 5가지 기본적 오류이다.

☑ KEY WORD
원인론

무엇이 잘못되었는지 문제의 원인을 따지고 집착하는 사고를 '원인론'이라고 한다. 원인을 지나치게 추궁하다 보면 '누구 때문에 일어난 문제일까'라며 범인 수색이 시작되고, 과거에 대한 후회와 현실 부정으로 귀결되는 부정적 악순환에 빠지기 쉽다.

☑ KEY WORD
자기정당화

자기가 한 일이 옳다고 믿는 것. 예상치 못한 문제가 발생하면, '나는 피해자이고, 저 사람이 가해자이다'라며 실패의 원인을 남 탓으로 돌리고, 자기 자신을 속이기도 한다.

Chapter 3

ALFRED ADLER
PSYCHOLOGY
VISUAL NOTES

갇힌 나를 해방하고
앞으로 나아가는 방법

하는 일이 제대로 되지 않아 무력감을 느끼고, 자신을 믿을 수 없어서 불안해질 때가 있습니다. 이번 장은 부정적인 생각에 갇힌 자신을 해방하고, 긍정적 에너지를 가진 사람으로 거듭나고 싶다면 반드시 알아야 할 내용입니다.

KEY WORD → ☑ 공통 감각

01 건설적인 사고를 키우고 왜곡된 생각에서 빠져나온다

건설적인 사고로 전환하려면 타인의 관점에서 생각하는 '공통 감각'이 필요합니다.

무의식중에 부정적 사고에 빠진다면, '건설적인 사람'으로 거듭남으로써 왜곡된 생각에서 벗어날 수 있습니다. 건설적인 사람은 단순히 좋은 사람이 아니라, 주변을 생각할 줄 아는 사람입니다. 건설적인 사람은 자신과 타인을 위해 무엇을 할 수 있는지 생각합니다. 호감을 얻고 싶은 바람 때문에 주변인들에게 쉽게 이용당하는 그저 편한 사람과는 다릅니다.

건설적인 사람은 쉽게 이용당하는 편한 사람이 아니다

'좋은 사람으로 보이고 싶다'는 생각에 주변 사람들의 요구를 모두 수용하면 오히려 인간관계가 틀어질 수 있다.

건설적인 사람은 자신과 상대방의 목적을 위해 무엇을 할 수 있고 무엇을 해야 하는지 생각한다. 때로는 목적 실현을 위해 타인의 부탁이나 바람을 거절하는 선택을 고려하기도 한다.

건설적인 사람이 되려면 '공통 감각Common Sense'을 필수로 갖춰야 합니다. 공통 감각은 자신과 타인의 인식과 판단이 서로 일치하거나 연대한 느낌을 말합니다. 그러나 본디 인간은 '사적 감각Private Sense'을 통해 사물을 주관적으로 인식하고 저마다 다르게 느낍니다. 따라서 서로의 차이를 먼저 확인하고, 필요에 따라 통일하거나 차이를 허용하는 것이 인간관계의 핵심입니다.

사적 감각의 반대 개념인 공통 감각

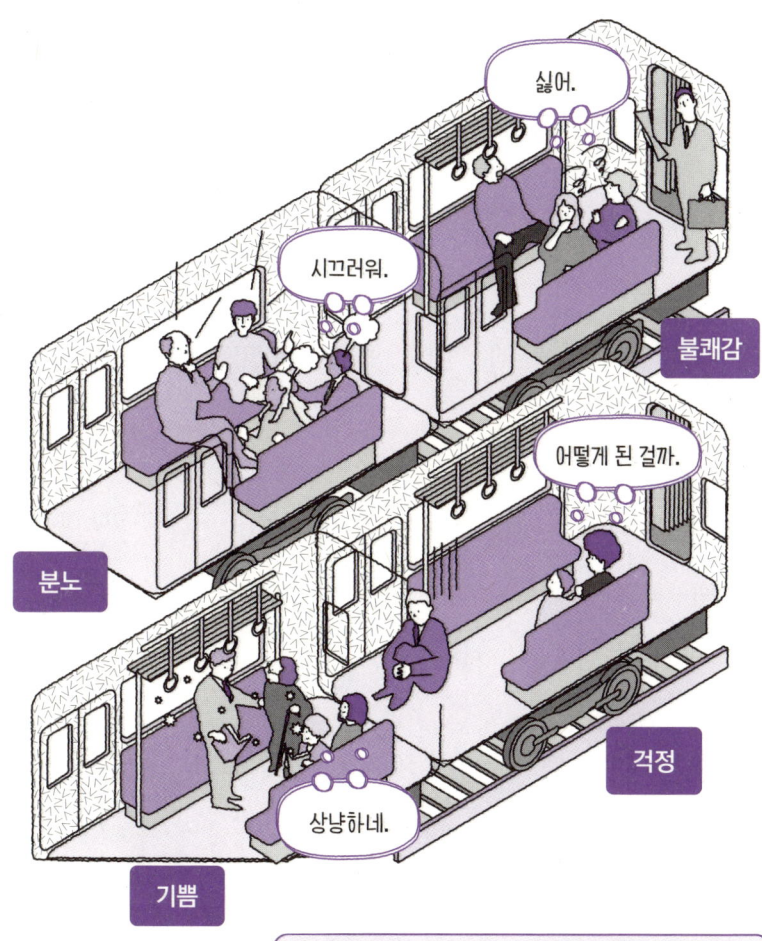

공통 감각이 있다는 것은 인식하는 방법이나 상태가 타인과 일치하고 있는 상태를 말합니다.

KEY WORD → ☑ 사적 논리

02 독단적 사고에 지배되지 않는다

사적 논리가 지나치게 편향되면 사물을 보는 관점이 잘못된 방향으로 가게 됩니다. 자기 생각은 단지 사적인 의견일 뿐입니다.

객관적인 시각을 가지고 타인과 교류하는 것이 바람직하지만, 쉽지 않습니다. 인간은 공통 감각이 아닌 사적 감각을 가치관의 근거로 삼아 상황을 인식하고, 자기 나름의 '목적'을 세우며, 이를 달성하기 위해 자기 나름의 '행동'을 취합니다. 이러한 일련의 흐름을 '사적 논리'라고 합니다.

사적 논리는 기본적 오류를 초래한다

사적 논리는 개인 특유의 가치관을 기반으로 고유의 목표 설정 및 행동 선택으로 이어지는 일련의 단계이다. 인간은 누구나 사적 논리를 세우고 행동하지만, 단정, 과장, 간과, 지나친 일반화, 그릇된 가치관 등의 기본적 오류를 초래할 위험이 있다.

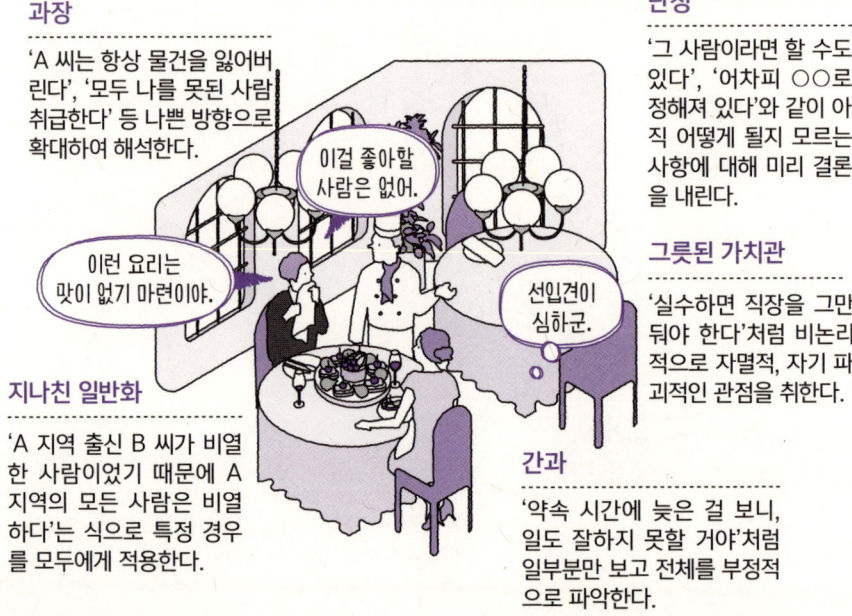

과장
'A 씨는 항상 물건을 잃어버린다', '모두 나를 못된 사람 취급한다' 등 나쁜 방향으로 확대하여 해석한다.

단정
'그 사람이라면 할 수도 있다', '어차피 ○○로 정해져 있다'와 같이 아직 어떻게 될지 모르는 사항에 대해 미리 결론을 내린다.

그릇된 가치관
'실수하면 직장을 그만둬야 한다'처럼 비논리적으로 자멸적, 자기 파괴적인 관점을 취한다.

지나친 일반화
'A 지역 출신 B 씨가 비열한 사람이었기 때문에 A 지역의 모든 사람은 비열하다'는 식으로 특정 경우를 모두에게 적용한다.

간과
'약속 시간에 늦은 걸 보니, 일도 잘하지 못할 거야'처럼 일부분만 보고 전체를 부정적으로 파악한다.

사적 논리는 'O는 ●일 것이다', '△는 ▲임이 틀림없다'처럼 단정으로 이어질 위험이 있습니다. 이를 방지하려면 먼저 자신의 사적 논리를 자각할 필요가 있습니다. '다들 그렇게 말하던데', '당신은 그런 사람이야'처럼 단정, 과장 또는 지나친 일반화를 드러내는 표현을 삼가야 합니다. 자신의 생각과 결론은 객관적 사실이 아니라, 단지 사적인 의견에 지나지 않음을 자각하는 것이 중요합니다.

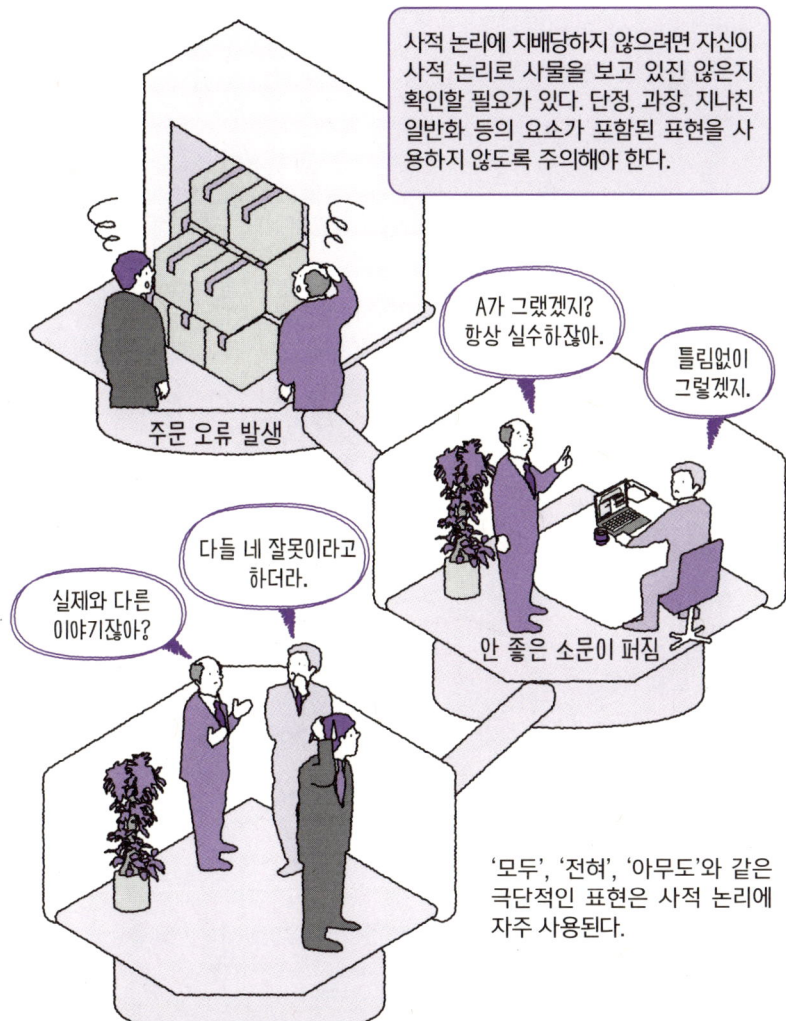

자신의 사적 논리를 자각한다

KEY WORD ➡ ✅ 존중 / 양보 / 공감 / 합의

03 공통 감각을 익히려면 주변으로 시야를 넓힌다

공통 감각은 사물을 단정하는 경향이 있는 사적 감각과 대척점에 있습니다. 공통 감각을 익히려면 어떻게 해야 할까요?

자신의 색안경이라고도 할 수 있는 사적 감각과 반대되는 개념인 공통 감각은 자신과 상대방의 사적 감각을 토론을 통해 조율하고 합의에 이르는 것입니다. 따라서 상대방과 내가 느끼는 방식이 같은지 확인해야 합니다. 조정이 어렵다면, 억지로 통일하기보다 서로의 사적 감각이 다름을 인정하고 존중하는 것이 건설적입니다.

무리하지 않는 범위에서 느끼는 방식을 맞춘다

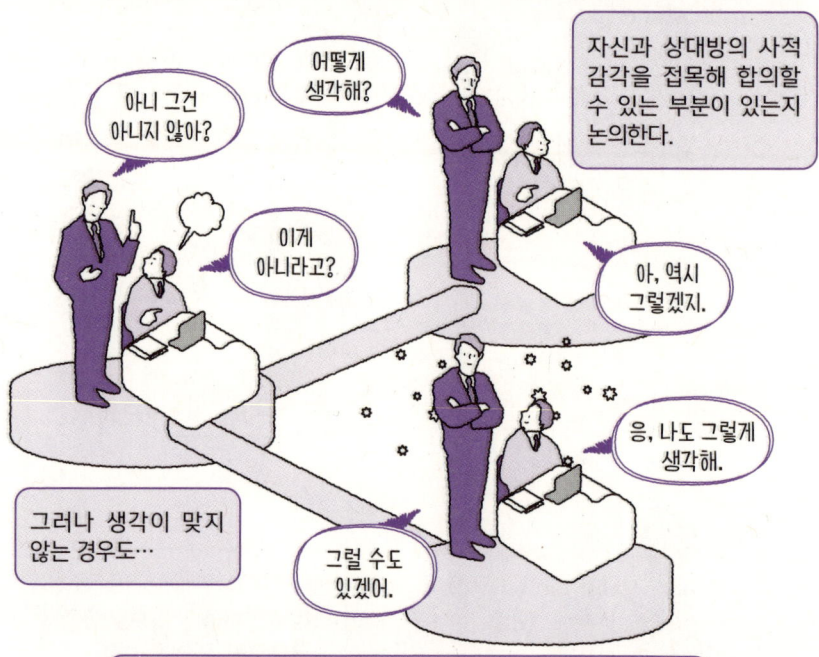

공통 감각을 키우기 위해서는 '나도 상대방도 사적 감각에서 벗어나지 못했다'는 사실을 자각하고 토론을 진행해야 합니다. 옳고 그름이나 우열을 따지는 양자택일의 관점을 버리고, 서로를 존중하며 양보하고 공감할 수 있는 합의점을 찾는 것이 중요합니다.

논의하고 조율하는 과정에서 공통 감각을 키울 수 있다

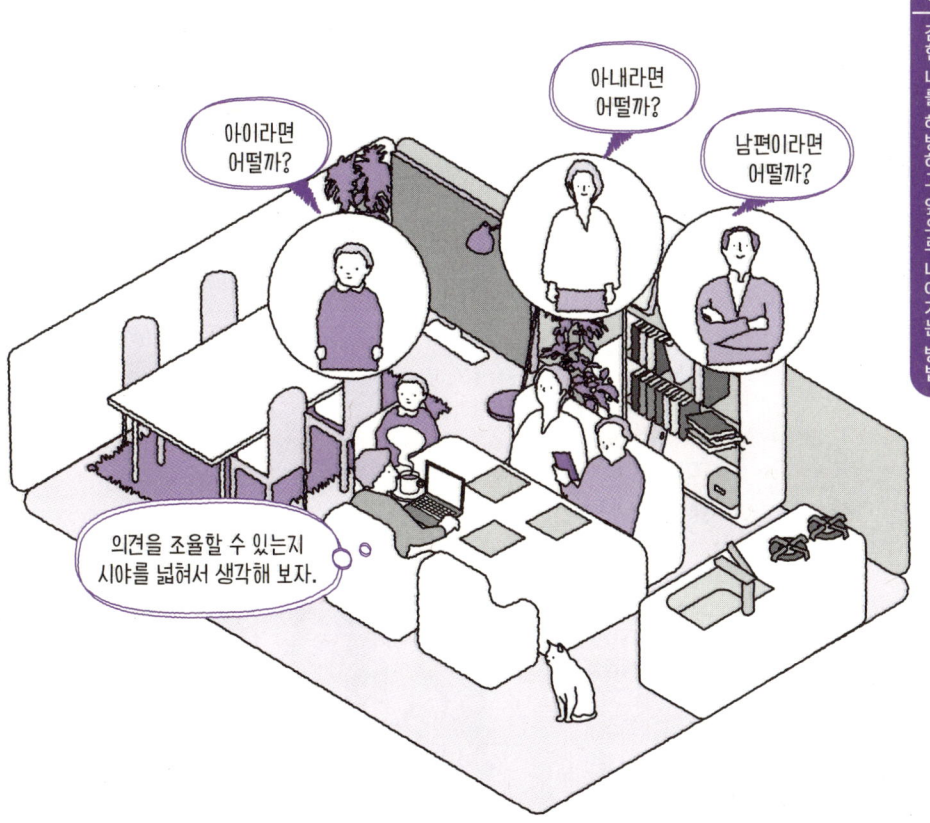

공통 감각으로 상황을 파악하려면 한발 물러서는 것이 중요하다. 상대방, 제삼자, 조직 전체로 시야를 넓히면 공통 감각을 형성하기 쉬워진다.

KEY WORD ➡ ☑ 유대감

04 완벽보다 개선을 목표로 한다

아들러 심리학의 가르침을 일상에서 바로 실천하기는 쉽지 않습니다. 완벽함에 집착하기보다 개선을 즐깁시다.

사적 논리에서 벗어나는 데 도움이 되는 공통 감각은 공동체 의식 습득에도 매우 효과적인 요소입니다. 공동체 의식은 직장, 가정, 지역 등 공동체 안에서 사람들과 협력하고, 마음이 편해지는 안식처에 속해 있다는 느낌입니다. 주변 동료와 공통 감각을 가지고 신뢰할 수 있는 방식으로 소통하면 공동체의 일원이라는 '공동체 의식'을 체득할 수 있습니다.

동료와의 공통 감각을 의식하면 유대감을 느낄 수 있다

가족, 직장, 친구 등 각각의 공동체에 대한 공통 감각을 키우면 동료와의 유대감을 더 깊게 느낄 수 있다. 자신이 공동체의 일부라는 느낌은 공동체 의식을 구축하는 데 도움이 된다.

일상에서 주변 사람들과의 일체감을 느끼고 공동체 의식을 체득하기란 사실 쉽지 않습니다. 아들러 심리학을 실천하려면 완벽보다 개선을 목표로 해야 합니다. 실수도 하는 불완전한 자신을 받아들이고 앞으로 계속 나아가십시오. 조금씩 나아가다 보면 인간관계에 대한 고민이 차츰 사라질 것입니다.

비약적인 완벽보다 순차적인 개선을 목표로 한다

아들러 심리학을 바로 완벽하게 실천하기는 매우 어렵다. 실수를 받아들이고 차근차근 발전하다 보면 인간관계에 대한 고민이 해소되어 갈 것이다.

KEY WORD ➡ ☑ 우월성 추구

열등감은 누구나 가지고 있는 성장의 도약판이다

이상과 현실 사이에 괴리가 있으면 열등감을 느끼게 됩니다.
하지만 열등감 자체가 나쁜 영향을 주는 것은 아닙니다.

인간은 누구나 열등감을 가지고 있습니다. 열등감은 이상과 현실 사이의 괴리감에서 기인합니다. 아들러는 많은 사람이 열등감에 시달리며 고통스러워하지만, 열등감은 성장으로 이끌어주는 건전한 감정이라고 말합니다. 열등감이 있다고 나쁜 것은 아닙니다. 되고 싶은 이상을 향해 나아가는 데 큰 힘이 되기 때문입니다. 열등감을 성장의 원동력으로 삼아 봅시다.

이상이 있기 때문에 열등감이 생긴다

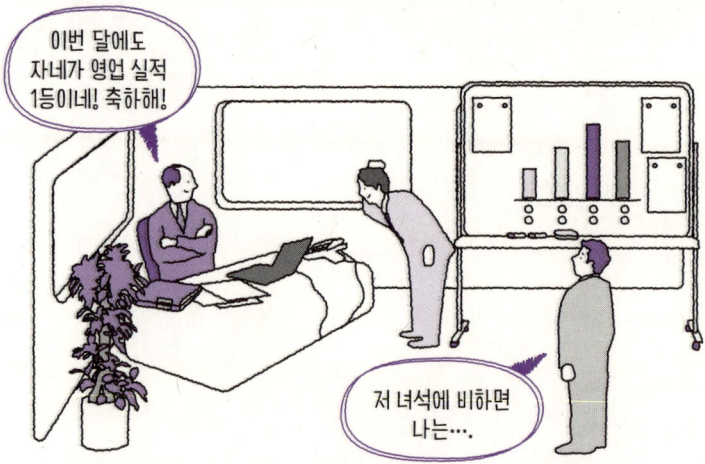

성과를 낸 직장 동료를 보며 열등감을 느꼈다고 가정해 보자. 동료가 성과를 올린 것과 내가 성과를 올리지 못한 것은 아무 관계가 없다. 그런데도 무의식적으로 동료와 나를 비교했기 때문에 열등감을 느낀 것이다.

인간은 보편적으로 지금보다 더 나은 사람이 되고 싶은 욕구를 가지고 있습니다. 아들러는 이를 가리켜 '우월성 추구'라고 정의합니다. 우월성을 추구하기 때문에 열등감을 느끼는 것입니다. 우월성 추구 욕구를 최대한 활용하고 싶다면 자신을 향상시킬 수 있는 목표를 세웁니다. 또한, 목표를 향해 노력하는 자신을 인정하는 것도 중요합니다. 자신을 인정해야 동기부여 효과가 높아지고 계속 성장할 수 있습니다.

열등감을 발판 삼아 도약한다

열등 콤플렉스
아들러 심리학에서는 열등감 때문에, 무의식적으로 행동하지 않음을 선택하는 상태를 '열등 콤플렉스'라고 한다.

우월성 추구
열등 콤플렉스에 빠지지 말고 열등감을 적절히 활용한다. 인간은 지금보다 더 나아지기 위해 '우월성을 추구'하는 욕구가 있다. 자신을 향상시킬 수 있는 목표를 세우고 그에 가까워지도록 노력한다.

KEY WORD ➡ ☑ 재도전

06 좌절과 실패는 성장의 기회이다

실패하더라도 열등감에 빠지지 마세요.
실패를 두려워하지 말고 도전을 이어가야 합니다.

일, 공부, 일상 등 인생의 여러 장면에서 누구나 실패를 겪기 마련입니다. 앞서, 열등감에 의해 행동할 수 없게 되는 '열등 콤플렉스'에 관해 이야기했다시피, 실패나 좌절을 맞닥뜨렸을 때 '내가 뭐라고…'라며 행동을 멈추면 안 됩니다. 다음 도전에서는 방식을 바꾸거나 새로운 전략을 세우는 등 실패를 활용합시다. 실패는 성장의 기회입니다.

실패는 나쁜 것이 아니다!

> 도전해도 어차피 실패할 거야.

> 공을 차는 코스를 바꾸자.

실패했다고 '나는 노력해도 안 되는구나'라며 열등 콤플렉스에 빠져 행동을 멈추면 안 된다. '지난번에는 이렇게 해서 실패했으니, 이번엔 다르게 해 보자'라며 실패를 연구 기회로 삼고 재도전한다.

실패를 성공을 위한 연구 기회로 삼고 활용하려면 목적을 이룰 때까지 용기를 내어 재도전해야 합니다. 비록 실패했어도, 도전했다는 사실 자체를 평가합니다. '왜 나는 시험에 떨어졌을까…'라는 열등감에 얽매이지 말고 '나는 열심히 노력했고 어려운 시험에 도전했다!'라고 긍정적으로 생각합니다. 그래야 실패를 두려워하지 않고, 성장을 위한 도전을 이어갈 수 있습니다.

목표를 향해 도전했다는 사실 자체를 평가한다

도전했다가 실패해도 '그래도 도전하길 잘했다!'라며 도전했다는 사실 자체를 평가하고 자신에게 용기를 북돋아 준다. 그럼으로써 계속해서 도전하고 성장하며 결국 성공할 수 있게 된다.

KEY WORD ➡ ☑ 불완전함

07 이상과 현실을 명확하게 구별한다

이상은 성장에 필요한 요소지만, 이상과 현실을 명확히 구분해야 합니다.

성장을 위해 완벽함(=이상)을 추구하는 것도 좋지만, 향상하는 과정을 즐기는 것이 더 중요합니다. 그리고 이상과 현실을 구별해야 인생을 긍정적으로 살 수 있습니다. 이상을 품고, 열등감을 발판 삼아 노력하는 것도 좋지만, 이상은 어디까지나 이상일 뿐이라는 사실도 자각해야 합니다.

이상에 시달리지 말라

이상이 성장으로 이어질 수 있지만, 이상과 현실을 명확히 구분하지 않으면 영원히 이상을 실현할 수 없는 고통을 겪게 된다.

반드시 이상이 실현될 거라 믿으면, '이상적인 내 모습과 동떨어졌다', '이상형을 만나지 못했다', '내가 바라는 이상적인 환경이 아니다'와 같은 고민에 시달리게 됩니다. 이상은 어디까지나 이상으로 간주해야 합니다. 지금, 여기, 있는 그대로의 현실을 받아들이고, 이상에 접근해가는 과정 자체에서도 행복감을 느껴봅시다.

타인에게서 이상을 추구하지 않는다

이상과의 현실의 차이에 괴로워한다.   이상에 가까워지는 현실을 받아들인다.

타인에게서 완벽한 이상향을 찾으면 안 된다. 자신이 불완전하듯이 다른 사람들도 불완전하다. 서로가 불완전하다는 것을 인정해야 한다.

KEY WORD ➡ ☑ 착각

08 타인에게 미움받아도 괜찮다고 생각한다

사람들에게 미움받지 않으려고 애쓰지 마세요.
'사람들이 미워해도 괜찮다'고 생각합시다.

다른 사람에게 미움받고 싶지 않은 것은 자연스러운 마음입니다. 그러나 주된 목적이 미움받지 않는 것이라면 자신과 주변 사람들에게 거짓말을 하게 되고 자신과 주변 사람들의 목적도 달성할 수 없게 됩니다. 또한, 모든 사람에게 미움받는다는 느낌이 혹시 착각은 아닌지 냉정하게 판단해야 합니다. 주위를 둘러보면 나와 마음이 맞는 동료가 반드시 있음을 깨닫게 될 것입니다.

자신이 느끼는 감정이 착각은 아닌지 생각해 본다

모든 사람이 자신을 미워한다고 느낀다면, 과연 실제로 그런지 자문해 본다. 부정적인 생각에 빠져 있기 때문일 수도 있다.

모두가 나를 미워해.

재 싫어!

모두는 아니었네!

저 사람 싫어.

난 싫지 않아.

나도 싫지 않아.

오히려 좋은 편이야.

정말로 모든 사람이 나를 미워하는지 자문하고 분석한다. 그래야 미움받는다는 착각에서 벗어날 수 있다.

'미움받아도 괜찮다'고 발상을 바꿔 봅시다. 어차피 모든 사람으로부터 사랑을 받는 것은 불가능합니다. 어쩔 수 없이 나를 싫어하거나 내가 싫어하는 사람과 소통해야 할 상황도 있습니다. 이때는 상대방을 호불호로 판단하지 말고 '목표 달성을 위해 무엇을, 어떻게 공헌할 것인가', '상대방과 어떤 방식으로 협력할 것인가'를 고민하고, 가능한 한 건설적인 방법을 찾아 실행해야 합니다.

어떻게 공헌할 수 있을지를 생각하고 행동한다

좋고 싫음을 떠나서 어떻게 하면 목표 달성에 공헌할 수 있을지를 생각한다. 이를 실천해가면 미움받는 일도 줄어든다.

KEY WORD ➡ ☑ 발상 전환

09 거부감은 과거에서 비롯된 선입견 때문이다

타인에 대한 거부감은 대부분 선입견입니다. 과거의 경험과 기억으로 너무 많은 부분을 가정하지 마십시오.

누구나 싫은 사람이 있기 마련입니다. 그런데 알고 보면 선입견에서 비롯된 거부감일 수 있습니다. 예를 들어 과거에 운동선수로부터 불쾌한 일을 당한 적이 있는 사람은 그 경험과 기억에 비추어 비슷한 유형의 사람을 보면 밀어내고 싶은 거부감을 느낄 수 있습니다. 그러나 상대에 대해 잘 알지 못한 채 선입견을 품고 무의식적으로 판단했기 때문에 그 평가가 크게 틀릴 가능성이 있습니다.

거부감은 과거의 경험에 의해 만들어진다

과거 경험에 의해 거부감이 생긴다. 무의식적으로 '그 사람과 닮은 면이 있는 걸 보니 분명 같은 유형의 사람일 거야'라고 생각한다.

우리는 선입견을 가지고 타인을 평가하는 경향이 있으므로 '이런 유형의 사람은 이런 사람이다'라는 식의 가치관은 절대적이지 않음을 인지하는 것이 좋습니다. 거부감을 느꼈던 사람과도 깊은 대화를 나누다 보면 평가가 크게 달라질 수 있습니다. 거부감이 있을 때는 '고집이 세다'라며 부정적으로 보이던 성격도 좋은 인상을 가지게 되면 '의지가 강하다'라며 긍정적으로 보이게 됩니다.

발상을 전환하면 단점이 장점으로 바뀐다

상대에 대한 인상이 바뀌면 성격과 행동에 대한 평가도 달라진다.
거부감을 느꼈던 사람의 약점도 발상을 전환하면 장점으로 보일 수 있다.

KEY WORD ➡ ☑ 셀프 토크 / 셀프 콘셉트

10 겸손하려고 자기를 비하하면 부정적 자기평가가 각인된다

겸손하려고 자신을 비하하면 자신도 모르게 마음에 악영향을 미치게 됩니다.

타인에게 자신을 어떻게 묘사하는지 생각해 봅시다. 자기 자신에 대해 말을 하거나 글을 쓰는 것을 셀프 토크^{Self-Talk}라고 합니다. 의외로 많은 부분에서 하고 있습니다. 하지만 겸손한 성격 탓에 '나는 잘하지 못한다', '사교적이지 못하다'처럼 부정적인 셀프 토크를 하다 보면, 자신에 대한 부정적 평가가 각인될 위험이 있습니다.

셀프 토크는 자신을 변화시킨다

셀프 토크로 만들어진 자신의 이미지를 셀프 콘셉트$^{Self-Concept}$라고 합니다. 부정적 셀프 토크는 부정적 셀프 콘셉트를 만들지만, 긍정적 셀프 토크는 긍정적 셀프 콘셉트를 완성합니다. 자신의 장점과 강점에 주목하고 확장합시다.

긍정적인 셀프 토크

긍정적인 방향의 셀프 토크를 통해 긍정적인 셀프 콘셉트를 만들고 자신의 장점을 늘려간다.

KEY WORD ➡ ☑ 라이프 스타일

11 누구나 언제든지 성격을 바꿀 수 있다

누구나 언제든지 성격을 바꿀 수 있습니다.
지금의 성격도 바로 자신이 선택한 것입니다.

'다양한 친구를 사귀고 싶지만, 내성적인 성격 때문에 시도하기 힘들다', '산만한 성격 때문에 진득하게 한 가지 일을 완성하기 어렵다'처럼 자신의 미숙한 부분은 성격이 원인이라고 결론짓는 사람들이 많습니다. 심리학적 '성격'은 '이럴 때는 이렇게 받아들이고 이런 행동을 취한다'는 일련의 패턴화된 인지(지각), 사고, 행동 양식을 말하며 변하기 어렵다고 가정합니다.

심리학적 '성격'이란?

그 사람의 패턴화된 인식이나 사고, 감정에 기초한 행동 패턴을 심리학적 성격이라고 하며, 변하기 어렵다고 가정한다.

그러나 아들러 심리학에서는 '인생에서 사물을 인식하는 방법, 사고방식, 행동 경향'을 가리켜 성격에 가까운 개념인 '라이프 스타일Life Style'이라고 하며, 일정 부분 변경이 가능하다고 가정합니다. 라이프 스타일은 어릴 때 스스로 선택했고 무의식적으로 계속 사용하기로 결정한 것입니다. 아들러는 자신의 결정으로 라이프 스타일을 바꿀 수 있다고 생각했습니다.

아들러가 생각하는 '성격'이란?

아들러의 생애 ③

안과 의사 경험이 심리학자를 지망하는 계기가 되다

어린 시절의 꿈을 이뤄 의사가 된 아들러는 안과 의사를 시작으로 내과 의사를 거쳐 정신과 의사가 되었고, 최종에는 심리학 연구자로 활약했습니다. 안과의로 환자를 진료했던 경험은 심리학으로 진로를 정한 결정적 계기가 되었습니다.

아들러는 시각 장애가 있는 환자를 진료하면서 다양한 사실을 깨닫게 됩니다. 예를 들어, 장애로 인해 시력이 약해진 만큼 청각과 촉각 등 다른 기관이 정상인보다 훨씬 민감하게 발달한다는 사실입니다. 그리고 무엇보다 '남들과 다르다'는 열등감을 떨쳐 버리기 위해 스스로 다양한 노력을 기울이는 심리적 보상 경향이 있었습니다. 아들러는 이러한 환자들을 가까이서 접하고 상호 작용하면서 심리학 분야에 관심이 가기 시작했습니다.

이는 아들러의 초기 저서인《기관 열등감과 그 신체적 보상에 관한 연구Study of Organ Inferiority and Its Physical Compensation》에 언급되어 있습니다.

Chapter 3 용어해설 KEYWORDS

☑ KEY WORD
사적 논리

사물을 보고, 목표를 설정하고, 행동하는 일련의 흐름을 사적 논리라고 한다. 사적 논리는 '○는 ●일 것이다', '△는 ▲임에 틀림없다'처럼 과장과 지나친 일반화를 유발할 위험이 있다.

☑ KEY WORD
공통 감각

나와 타인의 사적 감각이 일치하거나 연대한 상태의 감각을 말한다. 처음부터 같은 경우도 있고, 조율하면서 맞춰갈 수도 있다. 상대방의 관점뿐만 아니라 제삼자, 조직 전체로 시야를 넓히면 보다 객관적으로 보고 느낄 수 있다.

☑ KEY WORD
우월성 추구

인간은 보편적으로 지금보다 더 나은 존재가 되고 싶은 욕구가 있다. 열등감을 느끼는 것도 우월성을 추구하기 때문이다. 이러한 우월성 추구를 적절히 이용하려면 자신을 향상시킬 수 있는 목표를 설정한다. 또한, 목표를 향해 노력하는 자신을 인정하는 것도 중요하다.

☑ KEY WORD
셀프 토크

자신에 관해 이야기하거나 글을 쓰는 것을 말한다. 겸손해야 한다는 마음에 '나는 잘하지 못한다', '나는 사교성이 부족하다'처럼 부정적인 셀프 토크를 하다 보면 부정적인 셀프 콘셉트 Self-Concept(셀프 토크로 완성되는 자신의 이미지)가 만들어지므로 주의해야 한다.

☑ KEY WORD
라이프 스타일

생활 양식을 말하는 것이 아니라, 그 사람의 성격과 신념을 의미한다. 예를 들어 사물을 인지하는 방법, 사고방식, 행동 경향 등이다. 일반적으로 심리학적 성격은 변하기 어렵다고 가정하지만, 아들러 심리학의 라이프 스타일은 '되고 싶다'고 생각하는 모습으로 변화하는 것이 어느 정도 가능하다고 본다.

Chapter 4

ALFRED ADLER
PSYCHOLOGY
VISUAL NOTES

인간관계를 개선하는 방법

사회에 소속되어 살다 보면 어떤 형태로든 다른 사람들과 관계를 맺게 됩니다. 그러나 때로는 인간관계가 버겁게 느껴지기도 합니다. 이 장에서는 아들러 심리학 관점에서 사람들과 상호 작용할 때 중요하게 여기고 주의해야 할 사항을 소개합니다.

KEY WORD ➡ ☑ 응원과 공감

01 좋은 인간관계를 맺는 '수평적 시선'이란?

칭찬이 무조건 좋은 것은 아닙니다.
칭찬에 주의를 기울이지 않으면 역효과가 날 수 있습니다.

우리는 칭찬이 상대방의 성장을 촉진하는 행위라고 생각하는 경향이 있습니다. 그러나 칭찬은 질책과 마찬가지로 수직적 관계를 전제로 한 행위입니다. 상대방을 위하는 마음이라는 아름다운 이유를 대지만, 무의식적으로 그 사람 위에 서려는 의도가 잠재한 경우가 많습니다. 수직적 시선이 아닌 '수평적 시선'을 염두에 두어야 상대방에게 용기를 북돋워 줄 수 있습니다.

수직적 시선보다 '수평적 시선'으로

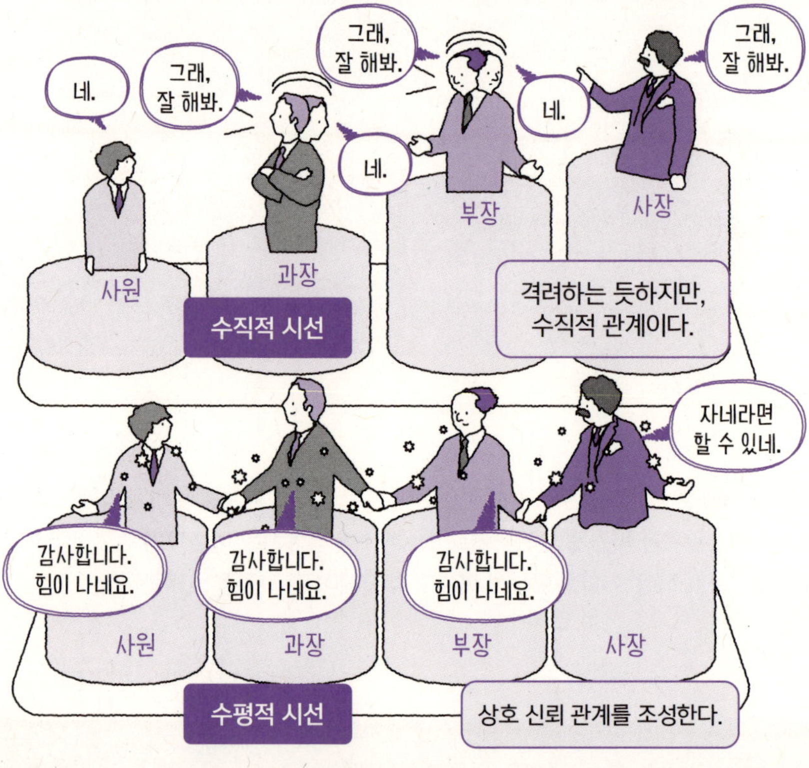

'잘했다', '장하다'와 같은 칭찬은 '사람'을 겨냥한 수직적 시선의 평가입니다. 반면, '도움을 줘서 다행이었어', '고마워', '즐겁게 하고 있구나'처럼 용기를 부여하는 말은 상대방의 '행위'를 겨냥한 수평적 시선의 응원이자 공감입니다. 대등한 인간관계를 맺고 서로 용기를 북돋워 주면, 어려움이 닥쳐도 함께 극복할 수 있다는 긍정적인 에너지가 솟아납니다.

대등한 인간관계에서는 부정적인 감정이 감소한다

KEY WORD ➡ ☑ 상호 존경

02 모든 인간관계는 서로 존경해야 한다

서로 존경하는 마음을 가지면, 자연스럽게 수평적 관계가 형성됩니다.

수평적 인간관계를 맺으려면 대등한 관계로 상대방을 존경하는 마음을 가져야 합니다. 전통적으로 직장에서 부하직원은 상사를 '존경'하고, 상사는 부하직원을 '존중'해야 한다는 생각이 만연해 왔습니다. 그러나 아들러 심리학에서는 지위에 따라 사람을 대하는 태도를 결정하면 안 되며, 상사건 부하 직원이건 상호 존경해야 한다고 강조합니다.

지위에 따라 태도를 결정하지 말라

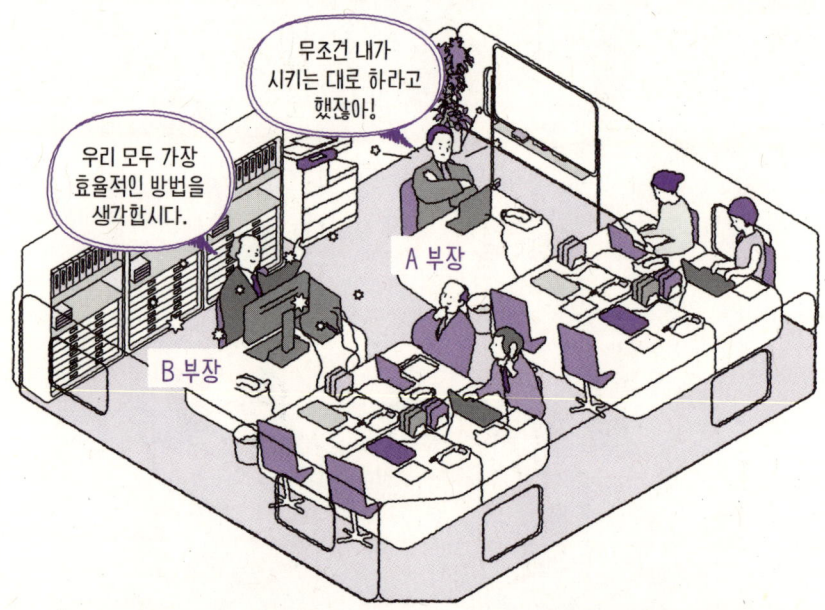

A 부장은 부하 직원을 하대하는 반면, B 부장은 부하 직원을 존경하고 있다. 지위고하를 막론하고 서로를 존경하는 것이 중요하다.

사회적 지위와 능력의 우열로 존경의 기준을 정하면 긍정적인 인간관계를 맺기 어렵습니다. 나이, 이력, 경제력, 이념, 종교 등 상대방의 상태와 상관 없이 서로 존경하는 관계를 맺는 것이 바람직합니다. 다만, 타인에게 존경을 강요할 수는 없으므로 내가 먼저 상대를 존경하려고 노력하는 것이 중요합니다.

능력과 지위가 달라도 서로 존경하는 것이 중요하다

나이, 종교, 이념을 떠나 서로를 존경하는 것이 중요하다.

KEY WORD ➡ ✓ 선의

03 '신뢰'와 '신용'의 차이점은 무엇인가?

언뜻 보면 비슷한 느낌이 드는 '신뢰'와 '신용'의 차이점은 무엇일까요?

상대방의 행위를 따지기 전에, 신뢰를 전제하는 것이 좋습니다. 아들러 심리학에서는 인간이 행하는 모든 행동의 동기와 목적에 반드시 선의가 내재한다고 믿습니다. 예를 들어 복수나 권력투쟁은 공동체에 속하고 싶은 욕구에서 비롯된 수단이자 부차적인 목표라고 할 수 있습니다. 그러므로 상대방이 어떤 행동을 취하든 선의가 내재하고 있음을 이해하고 믿는 것이 중요합니다.

인간의 모든 행위의 목적은 선하다

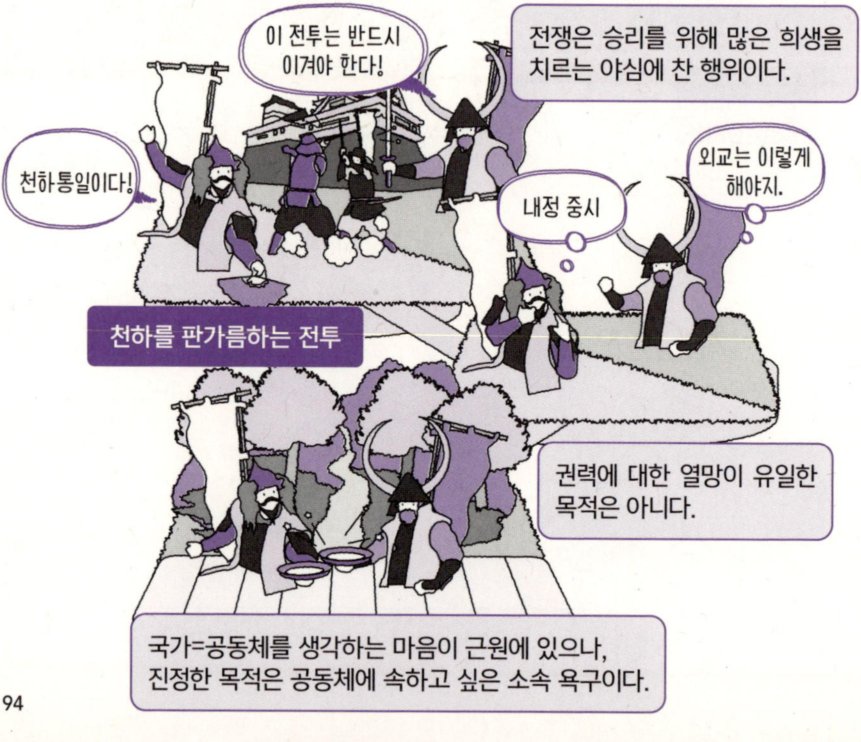

이 전투는 반드시 이겨야 한다!

전쟁은 승리를 위해 많은 희생을 치르는 야심에 찬 행위이다.

천하통일이다!

외교는 이렇게 해야지.

내정 중시

천하를 판가름하는 전투

권력에 대한 열망이 유일한 목적은 아니다.

국가=공동체를 생각하는 마음이 근원에 있으나, 진정한 목적은 공동체에 속하고 싶은 소속 욕구이다.

'신용'은 신뢰와 유사한 듯 해도, 상대방을 담보로 믿는 행위이기 때문에 상대방의 태도에 따라 변합니다. 적절한 행동을 하면 믿고, 부적절한 행동을 하면 믿지 않는 것이 '신용'입니다. 상대방의 행동과 상관없이 믿을 수 있어야 '신뢰'라고 할 수 있습니다. 상호 신뢰는 긍정적인 인간관계, 발전하는 사회를 만드는 힘이 됩니다.

비슷하지만 다른 '신뢰'와 '신용'의 차이점

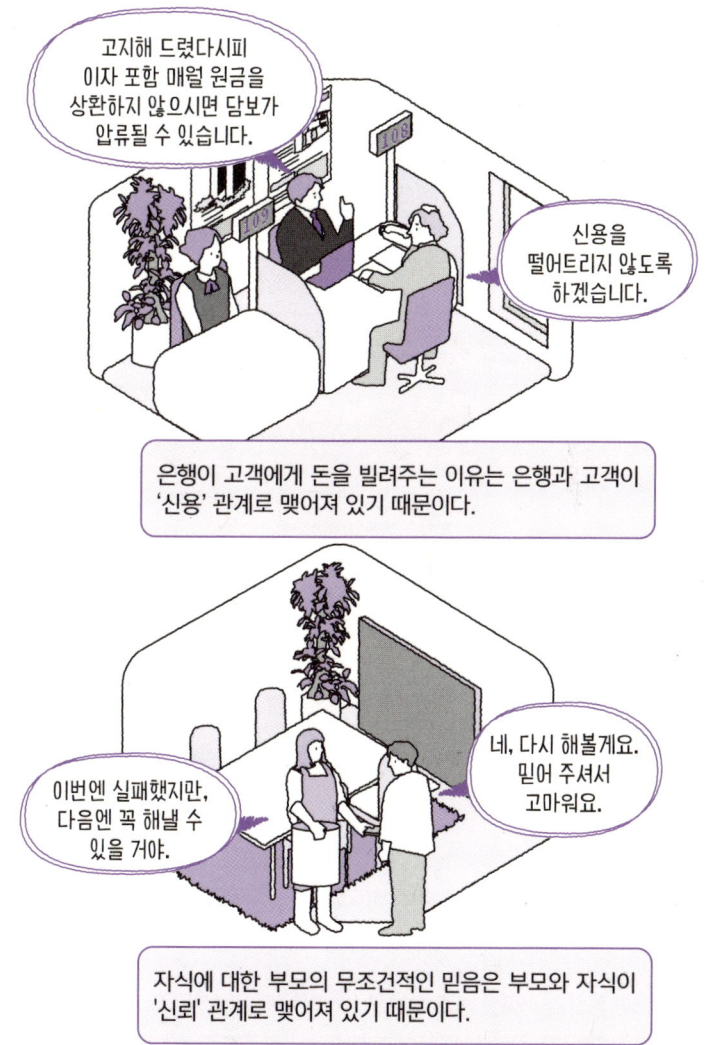

KEY WORD ➡ ☑ 관심

04 '공감'과 '동정'의 차이점은 무엇인가?

'공감'인 줄 알았지만 무의식중에 타인을 '동정'하고 있을지도 모릅니다. '공감'과 '동정'의 차이를 유념해야 합니다.

인간관계에 있어 가장 중요한 감각인 공감은 '상대방의 관심'에 관심을 가지는 것입니다. 나와 타인은 별개의 인격체지만, 타인의 인격을 내 안에 이입하여 느껴봅니다. 상대방의 눈으로 보고, 상대방의 귀로 듣고, 상대방의 마음으로 느끼는 감각을 키워야 좋은 인간관계를 맺을 수 있습니다.

공감은 '상대방의 관심'에 관심을 갖는 것

상대방이 지금 무엇에 관심 있는지 주목한다. 공을 가진 10번 선수는 8번 동료가 어디를 보고 무엇을 생각하는지 상상하고 있다.

'동정'은 공감과 유사한 듯하지만, 다른 감각입니다. 상대방의 감정을 이해하고자 하는 공통점이 있지만, 동정은 '나는 안정되어 있지만, 너는 그렇지 않다'는 마음을 전제하고 있습니다. 잠재적으로 자신이 상대방보다 안정된 영역, 높은 위치에 있다는 관계가 성립되며, 자신의 우월함을 확인하고 싶은 동기가 내재하고 있습니다.

동정은 자신의 우월성을 확인하는 행위이다

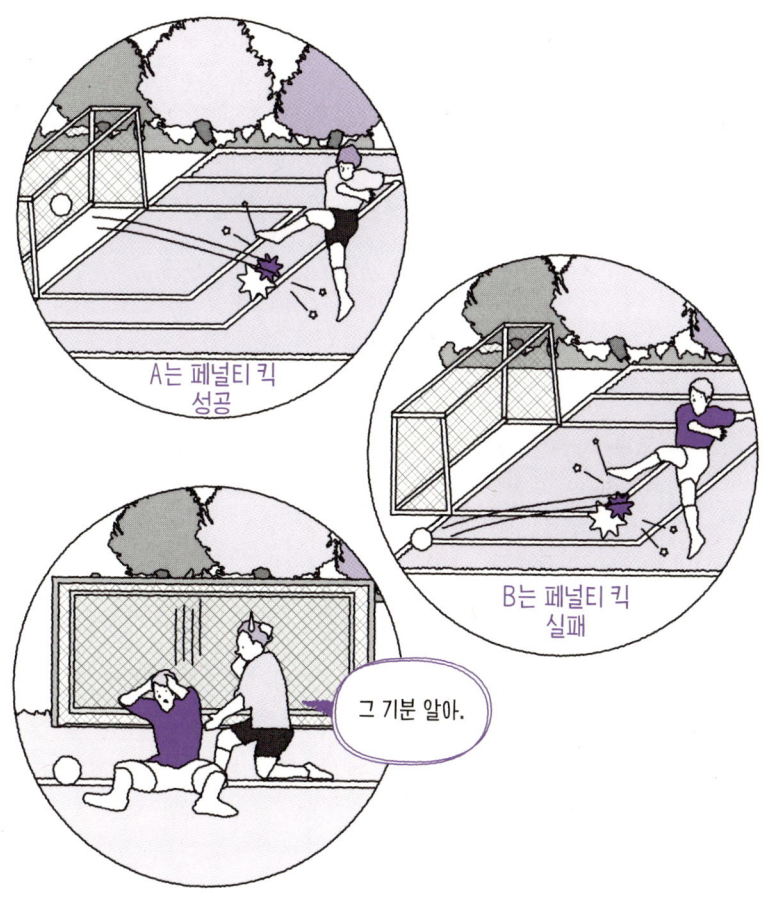

A는 페널티 킥 성공

B는 페널티 킥 실패

그 기분 알아.

A가 B에게 상냥한 말을 건네고 있는 것처럼 보이지만, 이는 단지 동정일 뿐이다.

KEY WORD → ☑ 경청

05 의사소통은 말하기보다 듣기가 중요하다

경청은 상호 신뢰를 위한 효과적인 수단입니다. 듣는 방법에 주의를 기울이면 상대방의 신뢰를 얻을 수 있습니다.

일반적으로 의사소통의 본질은 말하기라고 생각하지만, 그렇지 않습니다. 아들러 심리학에서는 상호 존경과 신뢰 구축에 효과적인 수단으로 '경청'을 꼽습니다. 말하는 것에만 집중하면 상대방을 볼 수 없습니다. 잘 듣는 것은 상호 존경의 첫 번째 단계입니다.

말하는 것보다 '경청'이 더 중요하다

일상적인 의사소통도 상호 존경을 위해 말하기와 듣기의 양적 균형을 맞추는 것이 중요하다.

입이 하나, 귀가 둘이듯 말하기와 듣기의 시간 비율은 1:2가 기준이라고 할 수 있습니다. 상대방의 말 속도와 관심사에 맞춰 질문하고 호응하면서 들으면 더 효과적입니다. 말한 시간의 비율이 몇 퍼센트였는지 생각하는 습관을 들이고, 말의 내용에도 신경을 집중하면 양질의 의사소통을 전개할 수 있습니다.

듣는 것에 집중하고 상대방에게 맞춰 대화한다

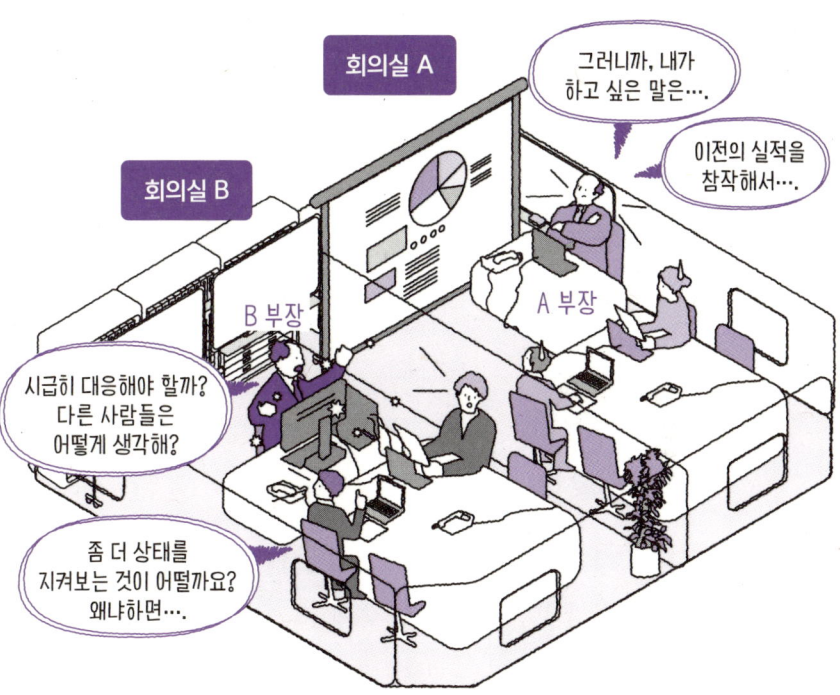

A 부장은 자신이 원하는 만큼 발언하고, B 부장은 필요 이상의 발언은 삼가고 다른 사람들의 의견을 듣는 데 집중한다.

KEY WORD → ☑ 경계 / 책임

06 자신과 타인의 과제를 분리한다

눈앞에 놓인 과제가 자신의 것인지 타인의 것인지 명확하게 구별하는 것이 중요합니다.

자신이 개입해서 해결해 줄 수 없는 타인의 문제임에도 책임감 때문에 괴로워한 적이 있나요? 혹은, 좋은 결과를 예상하고 한 행동임에도 자신의 바람과 달리, 상대방이 고마워하기는커녕 도리어 화를 낸 적이 있었나요? 반대로 자신이 해결해야 할 문제였음에도 '상대방의 잘못'이라며 남의 탓으로 돌린 경험이 있었나요? 누구의 과제인지 분명히 하지 않으면 이렇게 불필요한 수고를 하게 됩니다.

누구의 과제인지 모르면 고생한다

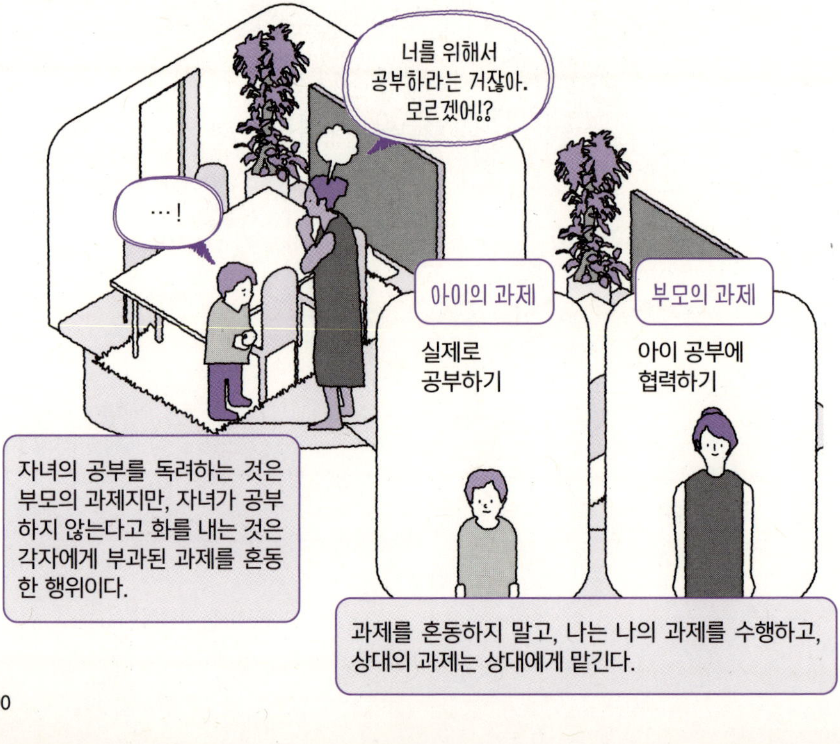

너를 위해서 공부하라는 거잖아. 모르겠어!?

…!

아이의 과제
실제로 공부하기

부모의 과제
아이 공부에 협력하기

자녀의 공부를 독려하는 것은 부모의 과제지만, 자녀가 공부하지 않는다고 화를 내는 것은 각자에게 부과된 과제를 혼동한 행위이다.

과제를 혼동하지 말고, 나는 나의 과제를 수행하고, 상대의 과제는 상대에게 맡긴다.

헛수고를 방지하는 차원에서도 '과제 분리'가 필요합니다. 핵심은 상대방이 풀어야 할 과제인지, 자신이 해결해야 할 과제인지를 결정하는 것입니다. 이는 결과를 책임질 사람이 누구인지 생각해 보면 됩니다. 과제를 분리한 후에는 상대방의 영역에 발을 들이지 않도록 주의해야 합니다. 경계를 넘으면 갈등이 발생합니다. 자녀의 숙제를 예로 들면, 숙제의 결과를 책임질 사람은 부모가 아니라 자녀이므로 숙제는 자녀의 몫입니다.

서로의 과제를 명확히 하고 경계를 넘지 않는다

일단 과제의 선을 긋고 나면, 서로의 영역에 발을 들이지 않겠다는 마음가짐이 중요하다. 경계를 넘지 않도록 의식함으로써 인간관계의 갈등을 방지 할 수 있다.

KEY WORD → ☑ 협력

07 충분한 협의를 통해 공동 과제를 만든다

자신과 상대방의 과제를 분리해서 생각할 수 있게 되면, 공동 과제를 추진함으로써 서로에게 용기를 북돋워 줄 수 있습니다.

자신과 타인의 과제를 분리한 후, 함께 수행할 '공동 과제'를 정하면 서로에게 더 큰 용기를 부여할 수 있습니다. 공동 과제의 주체가 타인이라면, 의사결정권을 위임하되 협력을 제안함으로써 도움을 주는 자세로 임합니다. 단, 사전에 협력할 부분을 확실히 합의하는 것이 중요합니다.

공동 과제를 만들고 서로에게 용기를 북돋아 준다

동아리 활동

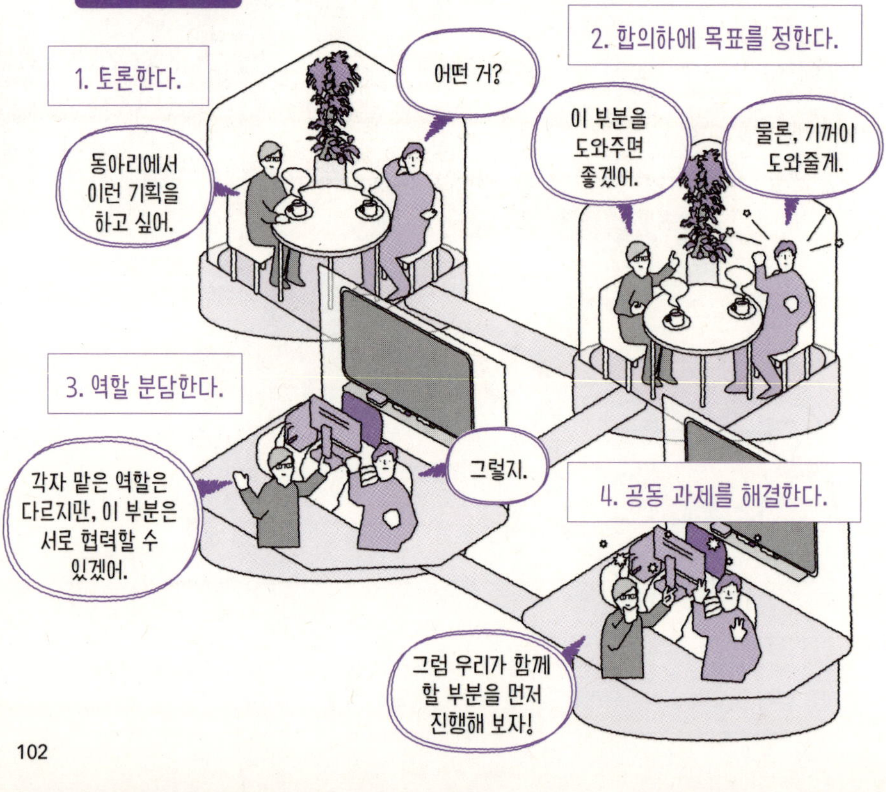

1. 토론한다.
 - 동아리에서 이런 기획을 하고 싶어.
 - 어떤 거?

2. 합의하에 목표를 정한다.
 - 이 부분을 도와주면 좋겠어.
 - 물론, 기꺼이 도와줄게.

3. 역할 분담한다.
 - 각자 맡은 역할은 다르지만, 이 부분은 서로 협력할 수 있겠어.
 - 그렇지.

4. 공동 과제를 해결한다.
 - 그럼 우리가 함께 할 부분을 먼저 진행해 보자!

공동 과제를 지나치게 목적화하면 안 됩니다. 예를 들어, 자녀가 원하는 학교가 부모와 일치하지 않는다고 가정해 봅시다. 그런데도 부모가 자녀의 목표도 같다고 착각하면, 자녀의 반발을 사게 되고 가족관계까지 악화할 수 있습니다. 이는 결국 자녀의 용기를 꺾는 결과를 초래합니다.

공동 과제를 결정하는 과정에서 조율이 중요하다

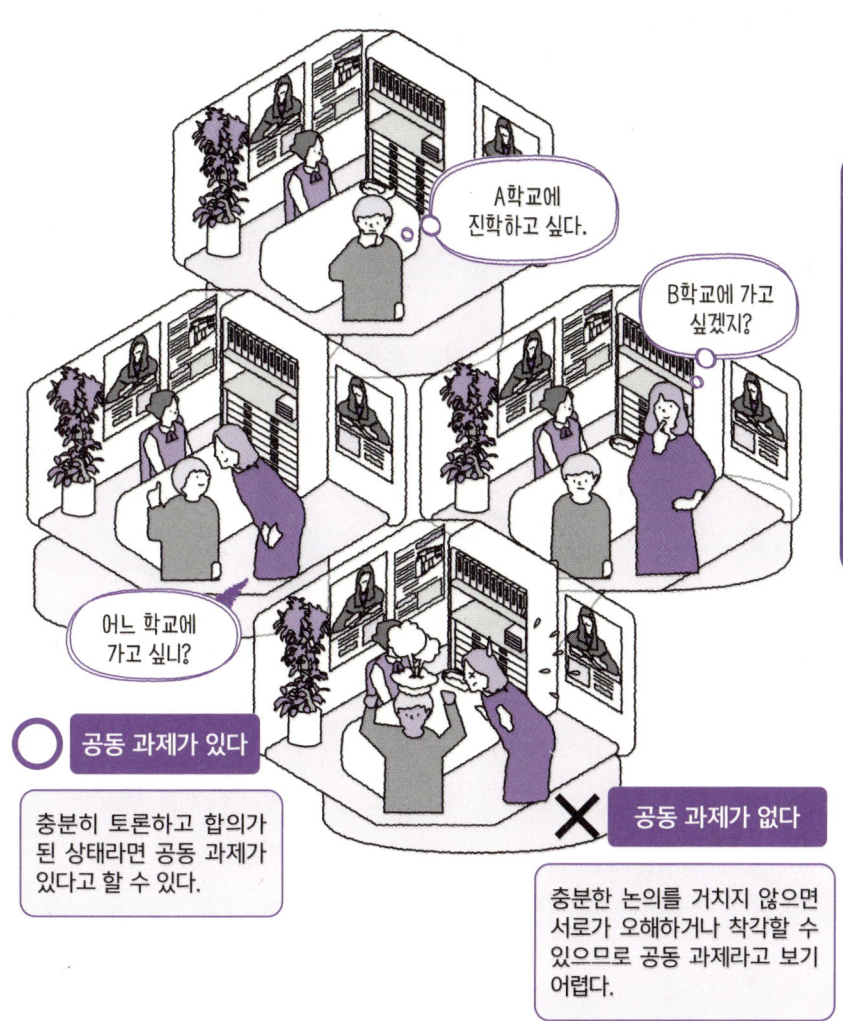

○ 공동 과제가 있다
충분히 토론하고 합의가 된 상태라면 공동 과제가 있다고 할 수 있다.

✗ 공동 과제가 없다
충분한 논의를 거치지 않으면 서로가 오해하거나 착각할 수 있으므로 공동 과제라고 보기 어렵다.

08 자신의 선악 판단이 절대적이라고 믿지 마라

너그러운 마음을 유지하기란 누구에게나 어려운 법입니다. 사람들을 편협하게 만드는 믿음은 무엇일까요?

관용은 좋은 인간관계를 구축하는 핵심 요소 중 하나입니다. 말이 쉽지, 사실 항시 너그러운 마음과 태도를 유지하기란 매우 어렵습니다. 너그러운 마음을 가지려면 구체적으로 어떻게 해야 할까요? 우선, 인간관계의 배후에는 '선악 판단'이 깔려 있음을 인식하는 것이 중요합니다.

사람마다 '선악 판단'이 다름을 유념한다

좋고 나쁨으로 판단하지 않는다.

세계에는 다양한 음식 문화가 있구나. 생소한 문화라고 해서 나의 상식을 강요하면 안 되지.

아들러 심리학에서는 옳고 그름, 선과 악, 정의와 불의를 상대적인 감각이라고 간주합니다. 실제로 이들을 나누는 기준은 시대와 국가에 따라 역사적으로 변해왔습니다. 예를 들어, 근대 이후의 전쟁은 대부분 정의 수호라는 명분으로 발발했고 수많은 사람을 죽음으로 몰아넣었습니다. 자신의 정의와 선이 절대적이라고 믿으면 인간관계에서 수많은 불행을 낳게 됩니다.

자신의 정의감이 절대적이라고 생각하지 않는다

정부도 국민도 전쟁의 의의에 공감했다.

수많은 고귀한 생명을 잃고 나서 전쟁에 대한 생각은 크게 바뀌었다.

KEY WORD ➡ ☑ 주관적 의견 / 객관적 사실

09 세련되고 매너 있게 자기주장을 펼치는 기술

자신의 요구를 전달하는 과정에서 상대방의 기분을 상하게 할 때가 있습니다. 어떻게 하면 매너 있게 자기주장을 펼칠 수 있을까요?

인간관계 갈등과 고민은 대부분 의사소통 과정에서 발생합니다. 자신의 요구가 상대방의 행동에 영향을 주기 때문입니다. 능숙하게 자기주장을 펼치려면 격한 감정을 드러내지 않고, 차분하고 이성적으로 대화해야 합니다. 상대방의 기분이 상하지 않도록 주의하면서 자신의 요구를 명확하게 전달합시다.

상대방을 배려하되, 요구는 분명하게

김 대리, 바쁜 중에 미안하지만….

내 말투가 김 대리의 기분을 상하게 하지는 않을까?

김 대리에게는 약간 힘든 일일 수 있지만, 그 이유를 이성적으로 말해야지.

대화 상대를 어떻게 배려하면 좋을지 생각한다.

객관적 사실과 주관적 의견을 분리하여 구체적으로 전달합니다. '항상', '거의'는 객관적이지 않은 주관적 의견일 뿐입니다. 단순한 의견을 사실인 양 단정적으로 전달하면 상대방이 납득하지 못합니다. '이는 어디까지나 나의 관점이자 의견일 뿐이다'라고 서론에 넣어 전하는 것이 중요합니다.

주관적인 의견을 객관적 사실인 양 단정하지 않는다

- 의견을 말할 때, 단정적이고 고압적인 말투를 사용하면 안 된다. 의견은 의견으로만 전달하고 상대방의 자기결정을 존중한다.

- 상대방의 권리를 인정하고, 의뢰하는 어조로 말한다. 단, 상대방에게 미칠 영향에 대해 책임을 지는 것이 중요하다. 자기주장에 너무 집착하지 않도록 주의한다.

KEY WORD ➡ ☑ 원상복귀 / 재발방지 / 사과

10 잘못했다면 올바른 방법으로 책임진다

단순히 처벌을 감수하는 것이 책임을 지는 것이 아닙니다.
책임을 지는 올바른 방법에 대해 알아봅시다.

우리는 사회적 규칙이 허용하는 범위에서 자유를 누릴 권리가 있으며, 그 권리에 차별을 두어서는 안 됩니다. 권리가 있으면 그에 따른 책임도 따르기 마련입니다. 예를 들어, 고대 일본에서는 실패에 따른 처벌로 할복을 요구했습니다. 하지만 현대 사회에서 잘못에 대한 본보기를 보이는 처벌은 건설적인 해결책이 아니며 책임을 지는 올바른 방법도 아닙니다.

자유를 누리기에 따르는 책임감

고대 일본(에도 시대 이전)

그 당시 사회에서는 할복에 의의가 있었다.
현대 사회에서는 처벌만으로 책임을 지우는 것은 옳지 않다.

올바르게 책임을 지는 3가지 방법은 '①원상복귀, ②재발방지, ③사과'입니다. 첫째, 실패로 인하여 훼손된 부분을 원래로 되돌리기 위해 노력합니다. 둘째, 실패를 되풀이하지 않기 위해서는 어떻게 해야 하는지 생각합니다. 셋째, 실패로 인해 상처받은 이들의 마음을 위로해야 합니다.

올바르게 책임을 지는 3가지 방법

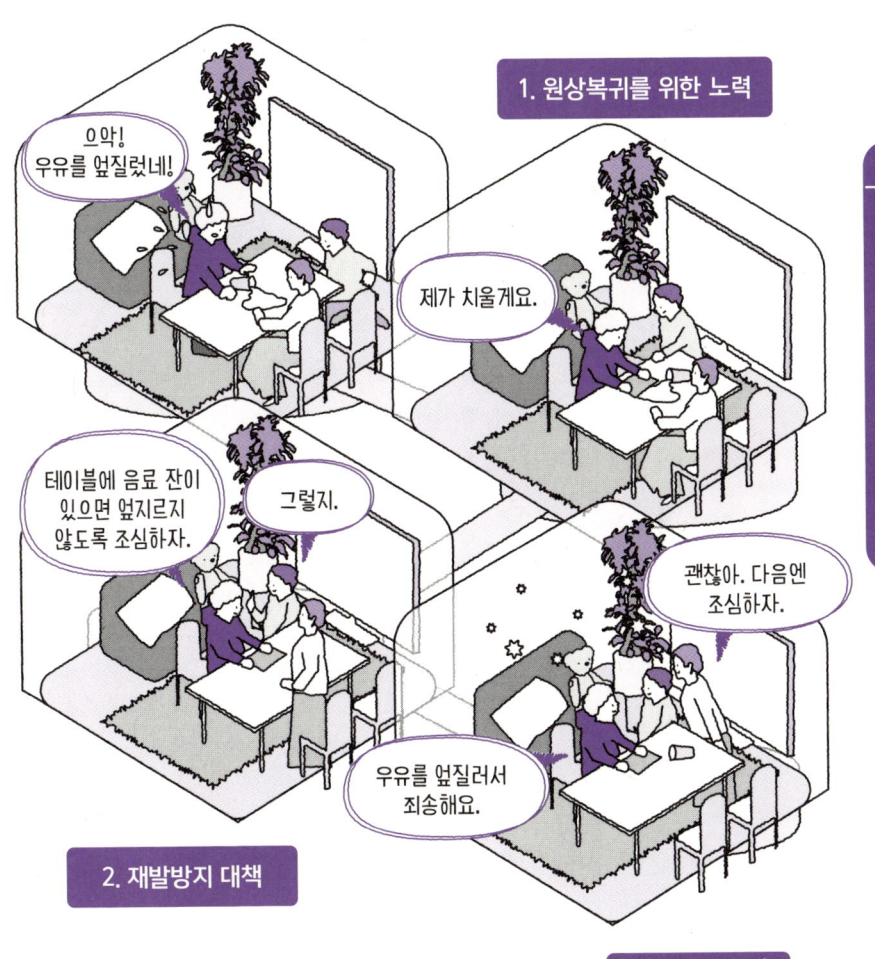

아들러의 생애 ④

바쁜 일정으로 잠잘 시간도 없이 세계를 돌아다니다

아들러는 센스와 유머가 넘치고, 타고난 언변과 인품으로 의사로서나 심리학자로서 많은 사람을 매료시켰습니다. 그러나 정작 본인은 잠을 줄여서라도 일을 해내는 전형적인 일 중독자였습니다. 강연과 상담을 위해 전 세계를 넘나든 아들러는 집에서 지낸 시간이 거의 없었고, 생애 마지막 날까지 거의 매일 호텔에서 생활할 정도로 바쁜 일정에 쫓겼습니다. 그의 강연을 들으려고 많은 사람이 몰려들었고, 60대쯤엔 그 당시 미국에서 가장 수익이 많은 강연자로 꼽힐 정도로 인지도가 높았습니다. 진료와 상담을 계속하면서도 강연과 만찬회에 적극적으로 참여했기 때문에 일정이 비는 시간이 거의 없었습니다.

아들러는 상담 비용에 집착하지 않고 돈이 없는 사람은 무료로 상담해 준 것으로도 유명했습니다. 강의와 강연 수입으로 운전사가 딸린 고급 차를 탈 만큼 충분한 돈을 벌었던 아들러는 필요 이상의 부를 축적하려고 하지 않았습니다.

Chapter 4 용어해설 KEYWORDS

☑ KEY WORD
수평적 시선

수직적 시선의 반대. 상대방에 대한 '잘했어', '장하다', '훌륭해' 등의 칭찬은 위계적 관계를 조장한다. 수평적 관계를 의식하면 분노, 불안, 우울과 같은 부정적인 감정이 분출될 가능성도 줄어든다.

☑ KEY WORD
신뢰

상대방의 행동에 상관없이 상대방을 믿는 것을 신뢰라고 한다. 인간이 행하는 모든 행동의 근원에는 선의가 내재하고 있다. 예를 들어, 복수와 권력 투쟁도 공동체의 구성원이 되기 위한 수단이다. 먼저 상대방을 믿는 것부터 시작하자.

☑ KEY WORD
공감

상대방의 감정이나 심정을 이해하기보다는 '상대방의 관심'에 관심을 갖는 것을 의미한다. 대등한 동료로서 상대방이 처한 상황, 사고방식, 의도, 관심사에 관심을 갖는다. 상대방이 무엇을 하려고 하는지를 보고 삶의 방식 자체를 파악하는 것이 중요하다.

☑ KEY WORD
과제 분리

그 문제가 상대방이 해결해야 할 과제인지, 자신이 해결해야 할 과제인지를 고민하고 분리하는 것이다. 그 선을 그은 후에는 서로의 영역을 침범하지 않는 것이 중요하다. 경계를 넘지 않도록 의식함으로써 인간관계 갈등을 방지할 수 있다.

☑ KEY WORD
공동 과제

과제를 분리한 후에 다른 사람과 공유하는 과제를 말한다. 공동 과제에 임함으로써, 자신과 상대방에게 더욱 용기를 북돋울 수 있게 된다. 상대방의 이야기를 경청하고, 무엇을 목표로 하는지 추측하고, 서로의 목표를 일치시키며 역할 분담을 논의하여 공동 과제를 설정한다.

Chapter 5

ALFRED ADLER
PSYCHOLOGY
VISUAL NOTES

직장생활 잘하는
인간관계 기술

직장에서는 목표 달성을 위해 다양한 사람들과 협력해야 합니다. 그러나 감정적으로 질책하는 상사, 실수를 연발하는 부하 직원, 신뢰할 수 없는 동료 등 인간관계 문제로 힘들 때도 많습니다. 이 장에서는 갈등을 미연에 방지하고 긍정적인 인간관계를 맺는 방법에 관해 설명합니다.

KEY WORD ➡ ☑ 나눔과 공유

너무 가깝지도, 멀지도 않은 적당한 거리를 유지한다

사람과의 거리가 너무 가까우면 '강압', 너무 멀어지면 '회피'라는 문제가 생깁니다.

직장 내 인간관계로 인해 고민하는 사람들은 대부분 자신의 의사소통 역량이 부족하여 가능한 한 피하고 싶다고 생각하는 경향이 있습니다. 의사소통이 능숙한 사람과 미숙한 사람의 차이는 거리감입니다. 상대방과 너무 가까워지면 '강압', '보살핌' 등의 소통으로 귀결됩니다. 반면, 너무 멀어지면 '방임' 또는 '회피'가 됩니다.

너무 가깝지도, 멀지도 않은 적당한 '거리감'

거리가 너무 가깝다
→ 강압

이 일은 이렇게, 저 일은 저렇게….

일일이 말하지 않아도 알 텐데.

거리가 너무 멀다
→ 회피

회사 복도

네ㅡ.

의사소통을 의미하는 커뮤니케이션communication의 어원은 라틴어로 '공유하다, 함께 나누다'를 의미하는 'comnicatio'입니다. 무시, 강요, 방임, 회피는 모두 나눔과 공유라는 본래 의미와 거리가 먼 행위입니다. 사람 사이에 '너무 가깝지 않은', '너무 멀지 않은' 거리를 적절히 유지하면서 소통하는 것이 중요합니다.

중요한 것은 '적당한 거리'의 소통이다

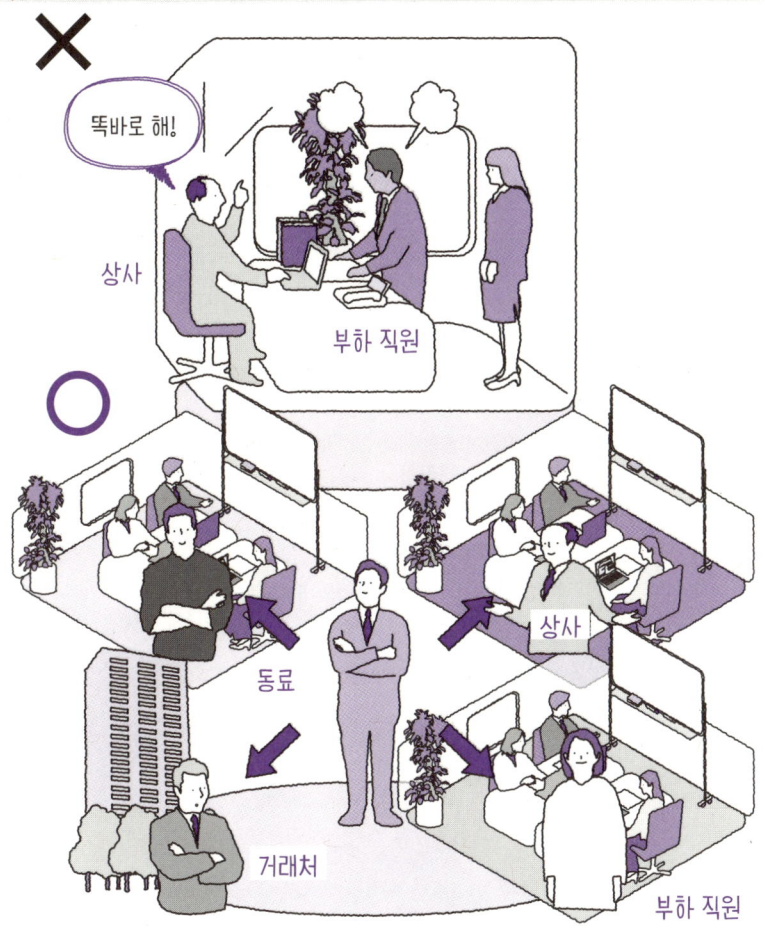

동료, 상사, 부하 직원, 거래처 등 업무로 엮인 사람들과는 적당한 거리를 유지하는 것이 특히 중요하다!

KEY WORD ➡ ✓ 인격과 행위

02 나쁜 것은 '사람'이 아니라 건설적이지 않은 '행위'이다

사람을 벌해서는 안 됩니다. '사람'과 '행위'를 별개로 생각하는 것이 중요합니다.

우리는 사람의 인격과 행위를 혼동하는 경향이 있습니다. '나쁜 일을 하는 것은 그 사람이 나쁘기 때문이다'라고 생각하는 것입니다. 아들러 심리학에서는 인격과 사람(행위자)의 행위를 별개로 봅니다. 직장에서의 원활한 의사소통을 위해서는 문제를 일으킨 사람 자체를 탓하기보다 비건설적인 행위와 실패에 관해서만 파악해야 합니다.

'사람'과 '행위'를 별개로 생각한다

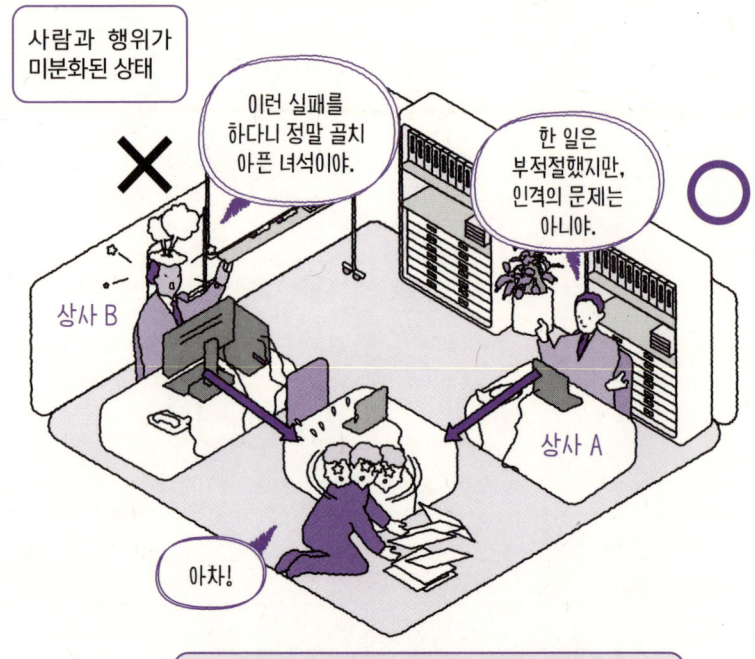

사람과 별개로 행위를 생각 → 좋은 의사소통

직장 내 의사소통에서 '지적받는 것'은 '공격받는 것'이 아닙니다. 실수를 지적받으면 인격을 공격받은 느낌이 들 수 있지만, 이는 지적받은 대상이 행위인지, 사람인지 구분하지 못했기 때문입니다. 자신의 의견이 다른 사람과 다를 때, 의견을 제시하기 두려워지는 것도 마찬가지입니다. 다른 의견을 제시하는 행위와 인격을 부정당하는 느낌을 혼동하지 말아야 합니다.

지적은 공격이 아니다

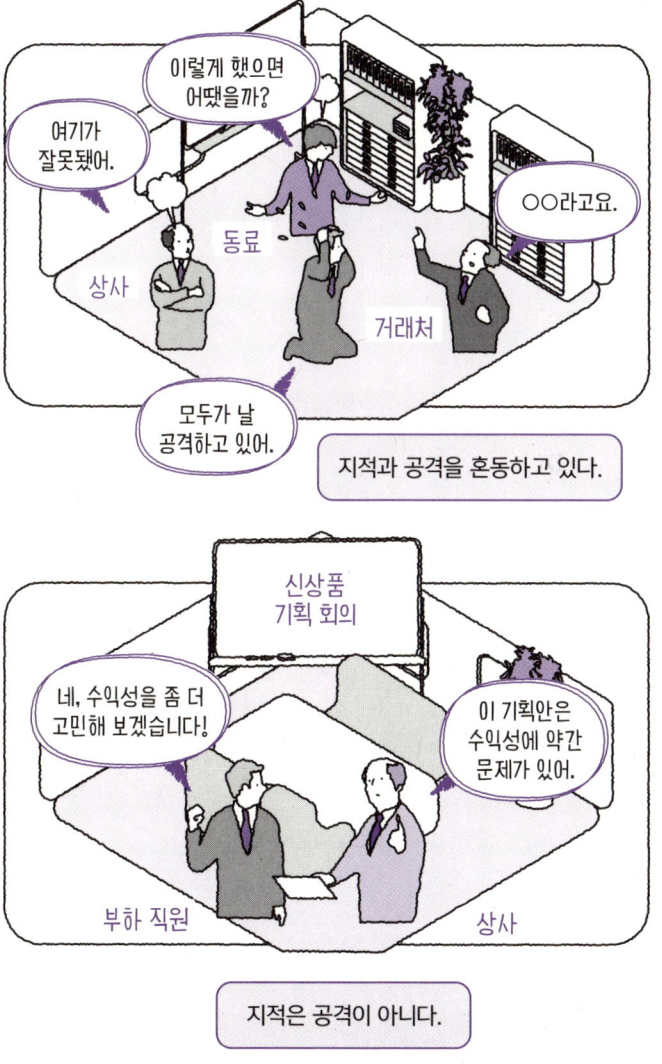

KEY WORD → ☑ 자기 변화

03 타인을 심판하거나 벌하지 말고, 자신을 바꾸는 것이 건설적이다

다른 사람에 대한 심판과 징계는 건설적인 행위가 아닙니다.
자신을 먼저 변화시켜 봅시다.

아들러 심리학에서는 '다른 사람을 조종하고 바꾸려는 행위는 비건설적이며, 자신을 변화시키는 노력이 건설적'이라고 생각합니다. '하위, 열등, 패배, 실수'를 빌미로 상대방을 심판하고 바꾸려는 의도를 가지고 있으면 부정적인 의사소통으로 이어집니다. 긍정적인 의사소통의 핵심은 바꿀 수 없는 상대가 아닌, 바꿀 수 있는 자신을 변화시키는 것입니다.

누군가를 바꾸려는 것은 비건설적

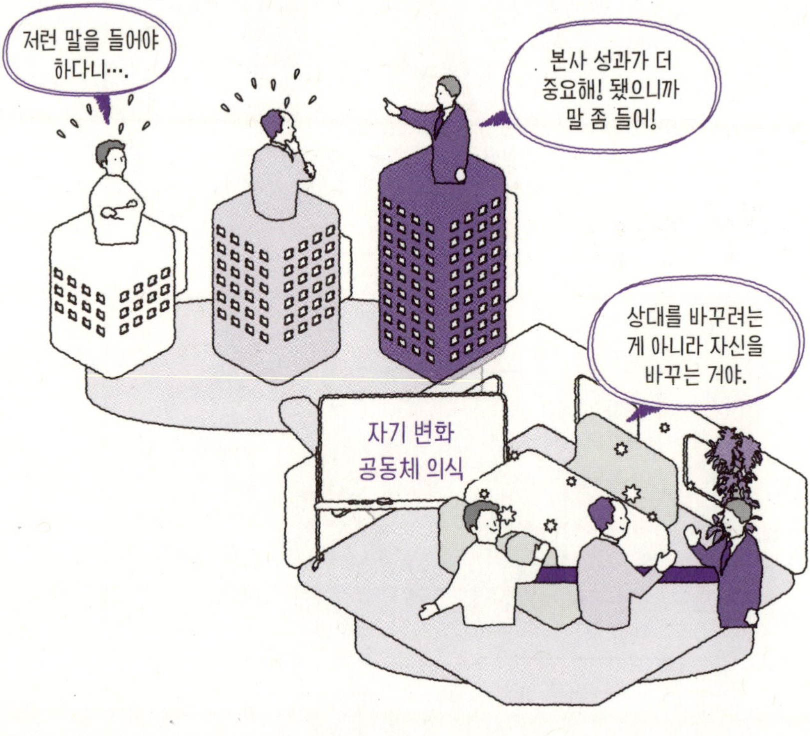

118

상대방을 바꾸려는 사람은 상대방을 심판하는 사람입니다. 상대방이 틀렸다는 '판결'을 내리고 '징벌'을 가하려는 의도를 가지고 있습니다. 이는 신뢰 관계를 깨는 비건설적 행위입니다. 직장에서는 다른 사람을 심판하고 징계하는 행위가 아무렇지도 않게 일어나는 경향이 있으나, 즉시 중단해야 합니다. 문제를 해결하고 고객 만족으로 이어가는 건설적인 일에 시간을 투자해야 합니다.

다른 사람을 심판하거나 징계하지 않는다

KEY WORD ➡ ☑ 겉보기 인과율

04 상대를 내 뜻대로 움직이기 위해 감정을 만들어내지 마라

감정을 이용해 상대를 움직이는 것은 좋지 않습니다.
이성적 대화로 문제를 해결해야 합니다.

때때로 감정에 휩싸여 의도치 않게 언성을 높일 때가 있습니다. 사실은 감정에 휘둘려 무의식적으로 고함을 지른 것이 아니라, 내 뜻대로 상대방을 움직이고 싶다는 '목적' 때문에 스스로 감정을 만들어 내고 도구로 사용한 것입니다. 아들러 심리학에서는 이를 '겉보기 인과율'이라고 합니다.

목적을 위해 감정을 만든다

겉보기 인과율

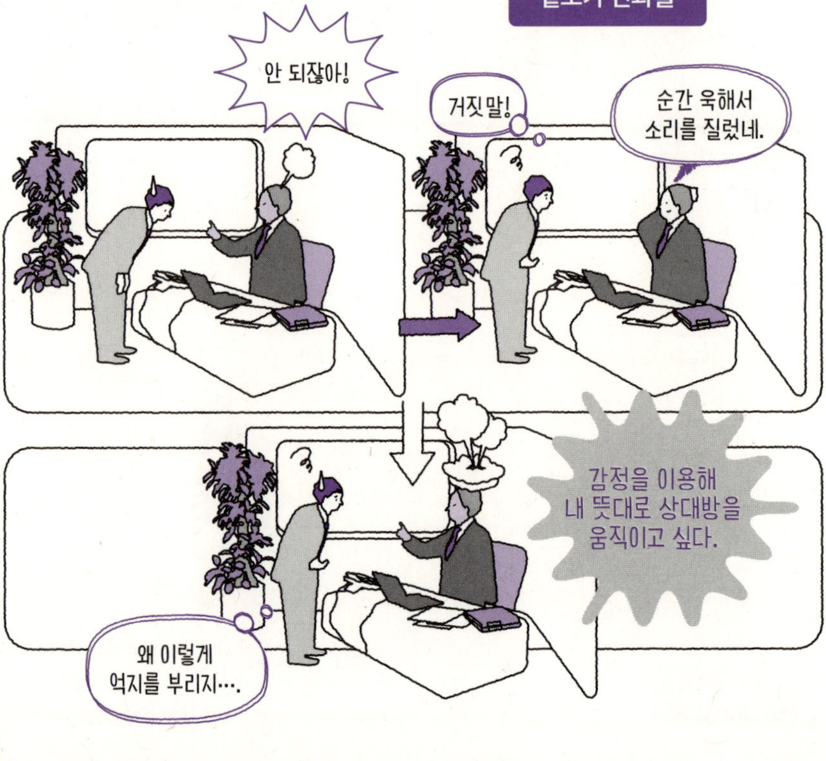

안 되잖아!

거짓말!

순간 욱해서 소리를 질렀네.

감정을 이용해 내 뜻대로 상대방을 움직이고 싶다.

왜 이렇게 억지를 부리지….

원하는 바를 얻고자 감정을 만들어내서 상대방을 움직이려는 것은 억지이자 이기적입니다. 상대방은 곤란에 빠지게 되고, 성숙한 의사소통으로 이어지지 못합니다. 아들러는 '아이는 감정을 이용해 상대방을 움직이려고 하지만, 어른은 이성적으로 대화하여 문제를 해결해야 한다'고 말합니다. 이것이 성숙한 의사소통입니다.

> 감정이 아닌 이성적 대화로 문제를 해결한다

감정에 감정으로 맞대응하면 안 된다.

KEY WORD → ☑ 리프레이밍

05 실패에 대한 두려움과 비난을 넘어 불완전함을 인정하는 용기

실패는 사람을 성장시키는 촉매제입니다.
실패를 두려워하지 않고 비난하지 않는 용기를 가지세요.

대체로 사람들은 실수하면 안 되고, 실패는 피해야 한다고 생각합니다. 그러나 실수와 실패는 귀중한 경험이 될 수 있습니다. 실수 없는 완성 없고, 실패 없는 성공도 없습니다. 실수를 부끄럽게 여기거나, 실패를 두려워하지 말고 성장을 위한 동력이라고 생각합시다. 상황을 다양한 각도에서 보고, 다른 의미를 부여하는 행위를 '리프레이밍reframing'이라고 합니다.

다양한 관점으로 의미를 해석한다

리프레이밍

- 어차피 난 느림보야.
- 저 사람 업무 속도가 늦더라고.
- 느림보가 아니라 신중한 거야!
- 저 사람은 진짜 냉정해.
- 냉정한 게 아니라 상황을 객관적으로 보는 거야!

우리는 '완벽해야 한다'는 잘못된 전제를 세우고 있습니다. 그래서 자신과 타인의 실패를 비난하곤 합니다. 이 세상 위에 완벽한 인간은 없습니다. 자신과 타인에게 완벽을 요구하는 것은 어리석습니다. '불완전함을 인정할 수 있는 용기'를 가지고, 자신과 타인의 실패를 용서할 수 있어야 의사소통 역량도 크게 향상됩니다.

실패를 용서하면 의사소통 역량이 향상한다

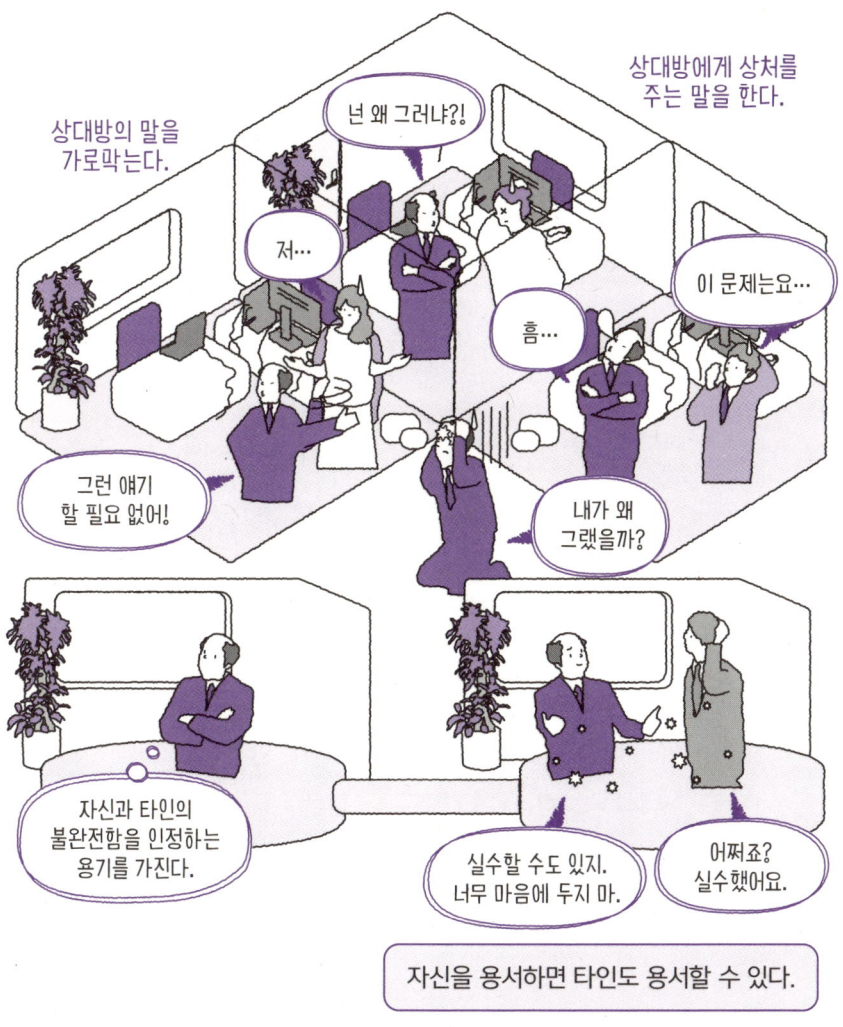

KEY WORD ➡ ☑ 열린 질문 / 닫힌 질문

06 상대방의 관심사에 관심을 갖는다

상호 존경과 신뢰를 쌓기 위해서는 상대방의 이야기에 귀를 기울이는 것이 중요합니다. 자기 주체에서 상대 주체로 전환합시다.

경청은 상호 존경과 신뢰를 구축하는 데 효과적입니다. 상대방의 이야기를 열심히 경청하는 것은 상대방에 대한 존경의 표현이기 때문입니다. 실적이 우수한 영업사원들은 '자신이 알고 싶은 것'을 질문하기보다 '상대방이 하고 싶어 하는 이야기'를 경청하고 이해하려고 노력한다는 공통점이 있습니다. 자신보다 상대방의 관심사에 관심을 갖는 것이 중요합니다.

상대방의 이야기를 열정적으로 들어라

 자기가 듣고 싶은 말만 듣는다.

 상대방이 하고 싶은 이야기를 끌어내어 듣는다.

상대방이 말하고자 하는 내용을 제대로 파악하려면 질문하는 방법이 중요합니다. 이야기 초반부에는 답변의 범위를 특정하는 질문보다 막연한 질문을 건네는 것이 좋습니다. 상대방의 대답이 '예, 아니요'의 단답형으로 끝나는 닫힌 질문은 대화를 발전시키는 데 도움이 되지 않습니다. 자유로운 답변을 유도하는 열린 질문을 건네야 대화를 점차 확장할 수 있습니다.

열린 질문과 닫힌 질문의 차이점

5W(언제When, 어디서Where, 누가Who, 왜Why, 무엇을What) 1H(어떻게How)를 사용하면 대화를 확장할 수 있다.

KEY WORD ➡ ☑ 개인 영역

07 타인의 진심은 알 수 없다

다른 사람의 감정을 '안다'고 생각하는 것은 큰 오산입니다.
그 대신 아들러는 '공감'이 무엇인지 설명합니다.

타인의 진심은 결코 알 수 없다는 사실을 자각해야 합니다. '나는 내가 모른다는 것을 안다'는 마음에서 출발해야 타인에 대해 겸손해지고, 상대방을 존경할 수 있습니다. 직접 겪은 당사자만이 본인의 고통과 슬픔을 알 수 있습니다. 자신의 기준에서 상대방의 감정을 '안다'고 말하면, 예상치 못한 부정적 반응으로 이어질 수 있습니다.

아들러는 '공감이란 상대의 눈으로 보고, 상대의 귀로 듣고, 상대의 마음으로 느끼는 것'이라고 말합니다. 상대방의 경험이 과거 자신의 것과 비슷하다고 느껴져도 안다고 말하지 않는 것이 상대방에 대한 존경으로 이어지는 경우가 많습니다. '나도 같은 경험을 했다'는 것은 상대방이 원하는 거리감이 아닙니다. 서로에 대한 존경과 신뢰를 쌓기 위해서는 어느 정도 거리를 두고 상대방의 개인 영역을 소중히 여기는 자세가 필요합니다.

공감하는 방법

KEY WORD → ☑ 존중 어법

08 상대를 배려하고 존중하는 '쿠션 언어'를 사용한다

부드러운 언어를 사용하여 상대를 배려하고 존중하는 느낌을 전하면 설득력이 한층 높아집니다.

일반적으로 '내일 협의 합시다'라는 식으로 회의 일정을 정하곤 합니다. '바쁘시겠지만, 괜찮으시면 다음 회의는 내일 진행하면 어떨까요?'라며 정중하게 말하면 듣는 사람은 존중받는 느낌이 듭니다. 이를 상대를 배려하고 존중하는 '쿠션cushion 언어'라고 합니다. 지시형이 아닌 질문형을 통해 상대방에게 선택권을 주고 주체성을 존중해 줍니다.

쿠션 언어를 활용하는 방법 '질문형'

쿠션 언어는 타인과의 거리감을 적절하게 조정하는 데도 효과적입니다. 상대가 직장 내부 동료인지, 외부 고객인지에 따라 존중 어법의 정도 차는 있지만, '죄송하지만, 번거로우시겠지만, 괜찮으시면, 실례합니다만, 바쁘시겠지만'과 같은 말로 먼저 상대방의 양해를 구하고, 질문형으로 대화를 이어갑니다. 단정적인 표현보다 '~일지도 모릅니다', '~하는 방법도 있습니다'와 같은 표현으로 완곡하게 말을 맺는 것도 효과적입니다.

쿠션 언어를 포함한다

KEY WORD → ☑ 리셉터

09 상대의 글러브를 향해 자신의 메시지를 던진다

소통을 캐치볼에 비유하곤 합니다.
먼저 상대방의 글러브가 열려 있는지부터 확인해야 합니다.

의사소통은 캐치볼입니다. 상대방이 글러브를 끼기도 전에 갑자기 강한 공을 던지면 안 됩니다. 즉, 관심 없는 이야기를 일방적으로 전달하면 상대방은 그저 흘려들을 뿐입니다. 상대방의 말을 들을 준비가 되지 않은 상태를 의사소통 용어로 '리셉터(수용체)가 닫혀 있다'고 하며, 듣는 자세를 취하게 하는 것을 '리셉터를 열게 한다'고 합니다.

의사소통은 캐치볼이다

의사소통은 캐치볼이기 때문에 상대방이 쉽게 받을 수 있는 높이로 공을 던져야 합니다. 먼저 상대방이 흥미나 관심을 보일만한 주제를 선정하고 리셉터라는 글러브를 낀 후, 이해하기 쉽도록 전달합니다. 이는 상호 존경과 신뢰를 쌓는 의사소통의 필수 과정입니다. 자신의 기준을 강요하거나 상대방에게 익숙하지 않은 전문 용어를 사용하지 않도록 주의합니다.

자신 기준이 아닌 상대방이 이해하기 쉽게 말한다

KEY WORD ➡ ☑ 이성적 주의

10 '너 메시지'가 아닌 '나 메시지'를 사용한다

메시지에는 항상 주어가 있습니다.
메시지의 주어가 누구인지 파악하는 것이 중요합니다.

직장 동료나 부하 직원이 불미스러운 일을 저질렀거나 답보 상태로 머물고 있음에도 사기 저하를 우려해 주의를 주지 않는다면 문제가 있습니다. 다음의 3가지 목적, '첫째, 상대방의 나쁜 행동과 습관을 멈추게 하고 싶다. 둘째, 상대방이 성장하기를 원한다. 셋째 상대방이 도전 정신을 되찾길 바란다' 중에서 하나라도 해당하면 반드시 주의를 줍니다. 감정적 질책에는 반발이 따르기 마련이므로 이성적 주의를 주어야 합니다.

상대방에게 주의를 주는 3가지 목적

① 상대방의 나쁜 행동과 습관을 멈추게 하고 싶다.

제품 카테고리별로 정리하면 일하기 한결 수월해져.

② 상대방이 성장하기를 원한다.

조금 더 의욕을 내 보자. 지금까지의 노력이 헛되진 않을 거야.

이렇게 한번 생각해 보면 어때?

③ 상대방이 도전 정신을 되찾길 바란다.

3가지 경우 중 하나라도 해당하면 주의를 준다.

상대방의 행동을 교정하되, 사기를 꺾지 않고 용기를 주려면 '너 메시지You-Message'가 아닌 '나 메시지I-Message'로 전달하는 요령이 필요합니다. 너 메시지는 주어가 '너'입니다. 수직적 시선인 너 메시지 대신, 주어가 '나'인 '나 메시지'를 사용하면 복종의 의도를 배제할 수 있습니다. 주어를 확장하여 '우리 메시지We-Message'로 전달하면 좀 더 효과적입니다.

'나 메시지'와 '우리 메시지'를 사용한다

KEY WORD → ☑ 거절할 수 있는 용기

11 상대방을 불쾌하게 만들지 않고 의연하게 거절하는 방법

선뜻 내키지 않는 권유를 받을 때가 있습니다.
상대방이 기분 나쁘지 않게 거절하려면 어떻게 해야 할까요?

회사에 소속된 이상, 자신의 과제임에도 상사의 지시에 따라야 할 상황이 발생합니다. 반드시 지시를 수용해야 할 상황을 제외하고, 누구나 될 수 있으면 복종을 선택하는 상황을 피하고 싶기 마련입니다. 가능한 한 자신의 과제에 다른 사람이 끼어들지 못하게 합시다. 그런데도 개입하려고 하면 의연하게 거절하고 자신의 책임하에 과제를 완수하고자 노력합니다.

복종을 선택하지 말고 의연하게 거절한다

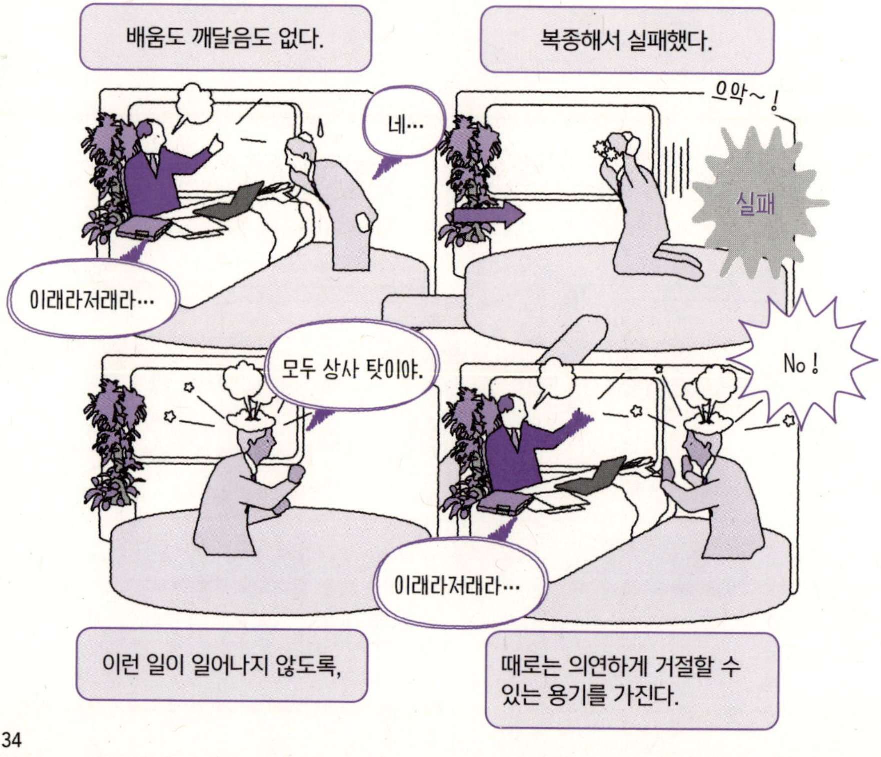

배움도 깨달음도 없다.	복종해서 실패했다.
이래라저래라… / 네…	으악~! / 실패
모두 상사 탓이야.	이래라저래라… / No!
이런 일이 일어나지 않도록,	때로는 의연하게 거절할 수 있는 용기를 가진다.

의연하게 거절하지 못하는 이유는 거절하는 방법을 모르기 때문입니다. 단호하게 '아니요'라고만 하면 퉁명스럽게 느껴집니다. 배려에 감사한다는 말과 함께 거절하는 것이 좋습니다. '감사합니다. 하지만, 괜찮습니다'라고 말하면 됩니다. 거절하는 이유에 대해 거짓말할 필요 없습니다. 사과하는 어조가 아닌 밝고 상냥하게 말하는 편이 좋습니다.

상대방이 불쾌하지 않게 거절하는 방법

회식에 참석할지, 가족과 시간을 보낼지는 자신의 과제이다.
내 대답을 듣고 어떻게 느낄지는 권유한 사람의 과제이다.

아들러의 생애 ⑤

공동연구자와 의견 차이로 결별하다

프로이트와 아들러는 심층심리학의 거장으로 칭해집니다. 언뜻 보면 생전에 정반대의 이론을 주장했기 때문에 서로 대립했을 것 같지만, 이 두 사람은 원래 공동연구자였으며 프로이트는 아들러를 높이 평가했습니다.

지금은 《꿈의 해석》이 프로이트의 대표작으로 꼽히지만, 처음 발표됐을 당시에는 평판이 그다지 좋지 않았습니다. 하지만 《꿈의 해석》을 높이 평가하고 서평까지 쓴 사람이 아들러였습니다. 서평을 읽은 프로이트는 아들러를 정신분석학회에 초청했고, 이를 계기로 두 사람의 본격적인 교류가 시작됩니다.

같은 학회에서 활동한 과거가 있어 아들러가 프로이트의 제자였다는 추측도 있지만, 동료에 가까웠던 것으로 보입니다. 그러나 아들러는 프로이트와 이견을 표명하고, 빈 정신분석학회에서 탈퇴하게 됩니다. 그렇다고 해도 아들러가 프로이트의 영향을 전혀 받지 않았다고 보기는 어렵습니다.

Chapter 5 용어해설 KEYWORDS

☑ KEY WORD
쿠션 언어

듣는 사람을 배려하는 언어. '죄송합니다만, 괜찮으시다면'과 같은 말을 덧붙인다. 단정적으로 결정을 통보하지 않고, 선택의 여지를 줌으로써 상대의 주체성을 존중한다. 쿠션 언어는 타인과의 적절한 거리감에 도움이 된다.

☑ KEY WORD
리셉터

수용체라고도 하며 '상대방의 듣는 태도'를 가리킨다. 관심 없는 이야기를 일방적으로 전달하면 리셉터는 열리지 않는다. 상대방이 관심을 갖기 쉬운 주제를 선택하는 것이 중요하며, 리셉터가 열리면 상대방 기준에서 이해하기 쉽게 이야기한다.

☑ KEY WORD
나 메시지

주어가 '나'인 메시지이다. 예를 들어 '내가 도움을 줄 수 있으면 좋겠다'처럼 자신의 느낌을 전한다. 어디까지나 나의 주관을 표현하는 말이므로 단정적이지 않으며, 상대방에게 선택의 여지를 주므로 받아들여지기 쉽다.

☑ KEY WORD
너 메시지

주어가 '너'인 메시지이다. 예를 들어 '너 훌륭하다, 당신 대단해'는 칭찬 같지만, 수직적 시선에서 전달하는 너 메시지의 특징이다. 너 메시지는 단정적으로 들릴 수 있으므로 상대방이 반발할 가능성이 있다.

☑ KEY WORD
우리 메시지

나 메시지의 주어를 확장하면 '우리 메시지'가 된다. '자네의 역량이 우리 모두에게 큰 도움이 되었어'는 공동체를 의식한 메시지이다. 나 메시지보다 효과적이지만 '동조 압력'이 되지 않도록 주의해야 한다.

Chapter 6

ALFRED ADLER
PSYCHOLOGY
VISUAL NOTES

가정환경과 라이프 스타일

태어나서 자라온 가정환경은 자기 자신을 형성하는 데 큰 영향을 미치는 요인입니다.
부모의 가르침이나 형제자매와의 관계는 우리의 인생에 어떤 의미가 있을까요?
이 장에서는 자녀에게 긍정적인 영향을 주는 바람직한 가정환경에 관해 다룹니다.

KEY WORD ➡ ☑ 자기개념 / 세계상 / 자기이상

01 라이프 스타일은 성격과 신념이다

아들러 심리학에서 말하는 라이프 스타일은 성격을 의미하는 용어로 일상에서 사용되는 '생활양식'과는 다릅니다.

라이프 스타일이라고 하면 일, 가정, 취미를 아우르는 생활양식이 떠오릅니다. 하지만 아들러 심리학에서 말하는 라이프 스타일은 성격과 신념을 의미하며(84p 참조) 3가지 요소로 구성됩니다. 첫 번째는 '자기개념'으로. '나는 ●●이다'와 같이 자신의 현상에 대한 신념입니다.

현상과 이상에 대한 신념

① 자기개념
자신에 대한 신념이다. 아무리 뛰어난 사람이라도 '나는 능력이 없어'와 같은 부정적인 자기개념을 가지고 있으면, 자신을 확신할 수 없다.

나는 일을 잘해!

나는 일이 서툴러…

아들러 심리학에서 말하는 라이프 스타일은 성격에 가까운 개념이며 신념을 포함한다. 라이프 스타일에 따라 자신에 대한 평가와 인간관계 성향이 달라진다. 이는 삶의 공식과 같다.

두 번째는 '세계상'으로 '세상(세상 사람들)은 ●●이다'와 같이 자신을 둘러싼 세계 현상에 대한 신념입니다. 세 번째 '자기이상'은 자기개념과 세계상에서 도출된 결론으로 '그러므로 나는 ●●해야 한다', '그러므로 다른 사람들은 ●●해야 한다'는 것입니다. 자기개념과 세계상이 현상에 대한 신념이라면, 자기이상은 이상에 대한 신념입니다.

자신의 세계와 이상 대한 신념

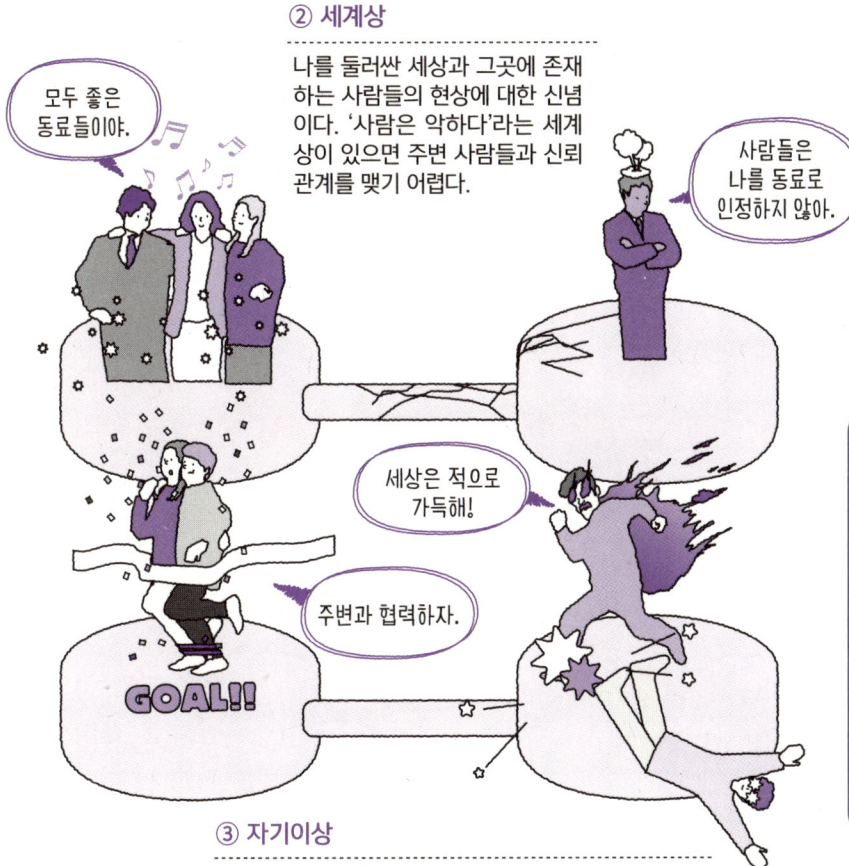

② 세계상

나를 둘러싼 세상과 그곳에 존재하는 사람들의 현상에 대한 신념이다. '사람은 악하다'라는 세계상이 있으면 주변 사람들과 신뢰 관계를 맺기 어렵다.

③ 자기이상

자기개념과 세계상은 현상에 대한 것이지만 자기이상은 '●●여야 한다', '●●이길 바란다'와 같이 자기개념과 세계상에서 도출된 결론이다. 자기이상이 '우리는 다른 사람들과 협력해야 한다'라면, 동료들과 깊은 관계를 맺는 것을 목표로 하게 된다.

KEY WORD ➡ ☑ 신체적 영향 / 문화 / 가족 구도

02 라이프 스타일은 결국 자신의 선택이다

라이프 스타일은 선천적 특질과 성장 환경에 의해 형성되지만, 최종적으로는 자신이 선택하게 됩니다.

라이프 스타일은 사람마다 다릅니다. 그 사람의 고유한 라이프 스타일은 다음 3가지 요소의 영향을 받아 형성됩니다. 첫 번째는 부모로부터의 유전이나 신체장애 같은 '신체적 영향'입니다. 그리고 성장 환경에 해당하는 '문화'와 '가족 구도'가 있습니다.

신체적 영향, 문화, 가족 구도의 영향을 받는다

라이프 스타일은 신체, 문화 가정의 영향을 받아 형성된다. 일부는 스스로 선택할 수 없는 요소이다.

우리를 닮아서 작은 키에 열등감을 느끼고 있구나….

① 신체적 영향

부모 유전으로 물려받은 신체는 라이프 스타일에 영향을 준다.

'문화'는 출생 국가, 지역, 사회 등 공동체의 가치관입니다. '가족 구도'는 가족 구성, 가치관, 분위기를 포함합니다. 형제자매 간의 권력 관계도 영향을 미칩니다. 이처럼 라이프 스타일은 신체, 문화, 가정의 영향으로 형성되지만, 최종적으로는 자신이 선택하는 것임을 잊지 말아야 합니다.

② 문화
국가나 지역 등 자신이 성장한 공동체의 고유한 문화가 라이프 스타일에 영향을 준다.

③ 가족 구도
가족 구성, 부모의 가치관, 가족 분위기, 형제자매의 권력 관계가 라이프 스타일에 영향을 준다.

6 가정환경과 라이프 스타일

KEY WORD ➡ ☑ 경쟁 구도

03 부모보다 형제자매의 영향력이 더 크다

어린 시절에는 형제자매 간에 경쟁할 일이 일상다반사입니다.
그 경험을 통해 아이들은 사회를 배워 갑니다.

가족 구도는 라이프 스타일에 큰 영향을 미칩니다. 가족관계에는 부모와 자녀, 조부모와 손자, 형제자매 등이 포함되지만, 아들러 심리학에서는 특히 형제자매 관계가 라이프 스타일에 큰 영향을 미친다고 봅니다. 형제자매 간에는 경쟁 구도가 존재합니다. 부모는 무의식중에 자녀들끼리 경쟁하게 만들고, 자녀도 부모의 사랑을 쟁취하기 위해 서로 다툽니다.

부모의 사랑을 얻기 위해 형제자매끼리 경쟁한다

동생이 태어나기 전까지는 내가 최고였는데!

네가 오빠니까 양보해야지!

우리 막내 너무 사랑스러워!

부모의 기대와 비교로 인해 형제자매 간에 경쟁이 발생하며, 자신보다 더 사랑받는 대상에게 질투심을 느낀다.

형제자매는 서로 다른 강점이 있습니다. 첫째 아이가 야구에 소질이 있으면, 둘째 아이는 축구나 수영 등 다른 스포츠 종목, 혹은 학문이나 예술 등 아예 다른 분야를 선택하는 경향이 있습니다. 같은 분야에서 경쟁하기보다는 다른 분야에서 큰아이보다 나은 모습을 보여주려는 것입니다. 아이들은 경쟁을 포함한 가족 간의 인간관계를 통해서 사회를 배우고 라이프 스타일을 만들어 갑니다.

다른 분야에서 강점을 발휘하고자 한다

형제자매가 경쟁 관계에 있더라도 각자의 특기가 다른 경우가 많다. 큰아이가 공부를 잘하면 동생은 운동을, 큰아이가 음악을 잘하면 동생은 미술을 선택하기도 한다. 다른 분야에서 노력하여 자신이 형제자매들보다 낫다는 것을 부모에게 보여주고 싶기 때문이다.

KEY WORD → ✓ 부모의 꼬리표

04 부모의 양육 방식이 자녀의 역할을 결정한다

부모가 붙여준 꼬리표가 자녀의 자기 평가를 결정합니다.

형제자매가 경쟁하는 이유는 부모의 기대와 사랑 때문입니다. 부모가 자녀를 대하는 방식도 라이프 스타일 형성에 큰 영향을 미칩니다. 아이들은 부모가 대하는 방식을 기준으로 자신을 평가합니다. 예를 들어, 부모가 자녀에게 '이기적인 아이'라고 꼬리표를 붙이면 자녀는 자신을 이기적인 사람이라고 정의하게 됩니다.

부모가 붙인 꼬리표가 자신을 정의하는 데 큰 영향을 미친다

아이는 부모가 자신을 대하는 모습을 보고 '나는 이런 아이'라는 '역할'을 결정한다. 부모가 붙여준 꼬리표의 영향을 크게 받는 것이다.

'착한 아이', '성실한 아이'처럼 부모가 붙여준 꼬리표가 긍정적이라고 해서 자녀에게 반드시 좋은 영향을 미치는 것은 아닙니다. 아이들은 부모와 어른의 기대에 부응하고자 필요 이상으로 애쓰는 특성이 있습니다. 아이들은 순수하기 때문에 '기대에 부응하지 못하면 사랑받지 못할 거야'라고 생각할 수 있습니다. 부모의 기대가 오히려 역효과를 낳을 수도 있음을 인식해야 합니다.

부모의 기대에 부응하기 위해 필요 이상으로 최선을 다한다

아이들은 순수하기 때문에 '부모의 기대에 부응하지 못하면 사랑받지 못한다'고 생각하여 무리임에도 감내하려고 한다.

KEY WORD ➡ ☑ 존경심 / 책임감 / 사회성 / 생활력

05 자라나는 아이들에게 꼭 가르쳐 줘야 할 4가지

아들러 심리학 사상을 따르는 교육 철학에서는 4가지 요소를 중요하게 생각합니다.

아들러 심리학에 기반한 교육 철학은 아이들의 행복한 인생을 위해 어른들이 꼭 가르쳐줘야 하는 4가지 요소를 제안합니다. 첫째 '존경심'입니다. 존경이라는 단어에서 위계적인 느낌이 떠오르지만, 아들러 심리학에서는 어른과 아이는 모두 대등한 인간입니다. 따라서 부모도 자녀에게 존경심을 가져야 합니다.

부모는 자녀에게 어떤 태도로 무엇을 가르쳐야 할까?

부모님을 먼저 도와드리고 나서 놀러 가자.

존경심
'존경'은 위계적 관계가 연상되지만, 아들러 심리학에서는 대등한 인간으로서 상대방의 행동을 존중하는 것을 뜻한다. 어른과 아이는 대등한 인간이다.

책임감
아들러 심리학에서의 책임은 임무라고도 할 수 있다. 주어진 과제를 회피하지 않고 해야 할 일을 해내는 책임감을 아이들에게 가르쳐야 한다.

148

둘째, '책임감'입니다. 아들러 심리학에서의 책임은 해야 할 일이 있음을 의미하며, 어른은 아이들에게 책임감을 가르쳐야 합니다. 셋째 '사회성'입니다. 사회에서 자신의 요구를 제안할 때, 상대방의 요구를 경청하고 조정하여 상처를 주지 않아야 합니다. 넷째, '생활력'입니다. 사회의 구성원으로 더불어 살아가기 위해 읽고 쓰는 능력을 배워야 하듯 실생활에 유용한 교육을 제공해야 합니다.

'존경심, 책임감, 사회성, 생활력'은 행복의 열쇠가 된다

사회성
사람 대 사람의 관계라는 피상적인 의미가 아니라, 자신의 요구를 제안할 때 타인에게 상처를 주지 않는 태도와 기술을 말한다. 자기주장을 할 때도 타인에게 상처를 주지 않아야 함을 아이들에게 가르쳐줘야 한다.

공부를 꼭 해야 하나요?

앞으로 인생을 살아가는 데 도움이 될 거야.

생활력
사회를 살아가는 힘이다. 학교 교육이 실생활에 어떤 도움이 될지 생각하는 것이 아들러 교육의 근본적인 이념이다.

'존경심, 책임감, 사회성, 생활력'은 건강한 인격을 소유한 아이로 키우는데 필요한 이념이다. 이 4가지는 어른에게도 마찬가지로 행복한 삶을 영위할 수 있는 열쇠가 된다.

KEY WORD ➡ ☑ 형제자매의 인간관계

06 출생 순위에 따라 성격 유형이 다르다

출생 순위에 따라 형제자매의 서열이 결정되고, 이는 성격 유형의 차이를 만듭니다.

형제자매 관계는 라이프 스타일에 큰 영향을 미칩니다. 그에 더해 **출생 순위도 성격 유형과 밀접한 관련이 있습니다.** 예를 들어 첫째 아이는 '최고가 되려고 한다', '주목받기 위해 노력한다', '자존심이 강하다' 등의 특성이 있습니다. 둘째 아이는 첫째를 따라잡고 추월하고 싶어 하며 첫째의 성공에 자신감을 잃기도 합니다.

출생 순위에 따라 성격 유형이 다르다

같은 가정에서 자랐어도 태어난 순서에 따라 성격이 달라진다. 형제자매가 없는 아이는 외동 특유의 성격 유형이 있다.

둘째 아이
- 첫째를 따라잡고 추월하려고 한다.
- 첫째가 성공하면 자신감을 잃는다.
- 셋째가 태어나면 압박감을 느낀다.
- 형제자매를 의도적으로 방해한다.

첫째 아이
- 주목받기 위해 노력한다.
- 자신이 다른 형제자매들보다 잘나야 한다고 생각한다.
- 자존심이 강하며 자신보다 우월한 사람을 질투한다.
- 동생에게 도움을 준다.

내가 최고야!

형한테는 지지 않을 거야!

첫째와 막내 사이에 끼어있는 중간 아이는 다른 형제자매에 비해 사랑받지 못하고 부당한 대우를 받는다고 느끼며, 인생을 자기 스스로 개척하고 나아가려는 경향이 있습니다. 막내 아이는 어리광을 부리고 다른 사람의 도움에 의존합니다. 외동아이는 응석을 부리는 경향이 있고 자기중심적이며 자기 페이스를 고수하는 성향이 있습니다. 물론 이러한 특성이 모든 아이에게 적용된다고 단정할 수 없지만, 아이 성격 유형을 이해하는 데 도움이 될 수 있습니다.

외동아이
- 응석을 많이 부린다.
- 주목을 많이 받기 때문에 자신이 특별하다고 생각한다.
- 자기중심적이며 자기 페이스를 고수한다.
- 원하는 대로 하지 못하면 불공평하다고 느낀다.
- 창의적이다.

중간 아이
- '불공평하다', '사랑받지 못한다'고 느낀다.
- 위아래에 끼어 압박받는다고 느낀다.
- 가족 내에서 자신이 설 자리가 없다고 느낀다.
- 위아래와의 소통 경험을 통해 의사소통 능력이 발달한다.

막내 아이
- 자신이 가장 유능하다고 생각한다.
- 타인의 지원을 받아 가족의 보스가 된다.
- 아기처럼 행동한다.
- 맏이와 협력하여 중간 아이와 대립한다.

KEY WORD ➡ ☑ 부모의 관심

출생 순위에 따라 행동 유형이 다르다

형제자매 관계에서 기인한 출생 순위별 행동 유형이 있습니다.

앞서 형제자매의 출생 순위에 따른 성격 유형을 소개했다면, 이번에는 출생 순위에 따라 달라지는 행동 유형에 대해 알아보겠습니다. 첫째 아이는 동생이 태어남과 동시에 부모의 사랑을 박탈당했다고 느낍니다. 그래서 부모의 관심을 끌기 위한 행동을 하는 경향이 있습니다. 더불어 동생에게 리더십을 발휘하는 면도 있습니다.

출생 순위에 따라 행동 유형이 다르다

첫째 아이
동생에게 부모를 빼앗겼다고 느끼고 부모의 관심을 끄는 행동을 한다.

둘째 아이
첫째 아이와 경쟁하려고 한다.

이렇게도 할 수 있어! 봐봐!!

나도 대단하다고!

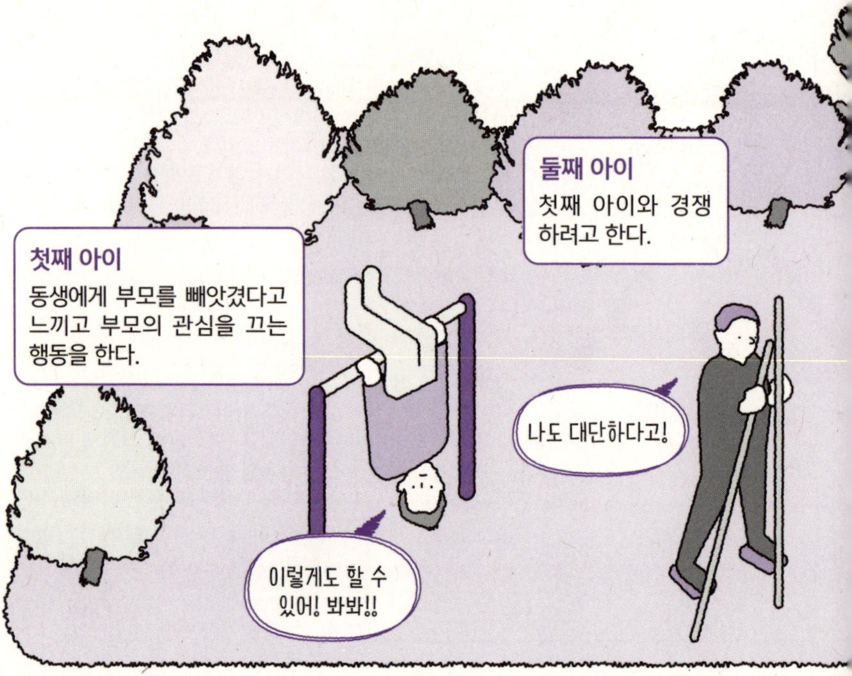

둘째 아이는 첫째와 성격이 정반대인 경우가 많으며 첫째와 항상 경쟁하려는 행동을 취하는 경향이 있습니다. 중간 아이는 부모의 관심을 독점한 적이 없으므로 자신의 위치에 대해 불안해하고 공격적인 행동을 할 때가 있습니다. 동시에 다른 아이들보다 사교적인 의사소통 능력을 발휘하기도 합니다. 막내 아이는 어리광이 잘 받아들여지는 반면, 말과 행동에 대해 가족들이 있는 그대로 상대해주지 않을 때도 많습니다. 외동아이는 부모의 영향을 많이 받으며 형제자매가 없기 때문에 대인관계가 서툰 편입니다.

KEY WORD ➡ ☑ 가족 구성원의 수와 성별

08 가정환경이 아이의 성격 형성에 미치는 영향

가족 구성원의 수, 성별 등도 아이들의 라이프 스타일에 영향을 미칩니다.

가정환경은 아이들의 라이프 스타일 형성에 큰 영향을 미칩니다. 예를 들어, 대가족 자녀들 간의 나이 차이가 크면 형제자매가 두 개 이상의 그룹으로 나뉘거나, 외동처럼 취급되는 아이가 생기기도 하며, 나이 차가 많이 나는 동생에게 부모 역할을 하는 아이도 있습니다.

가족 구성원의 수와 성별도 성격 유형에 영향을 미친다

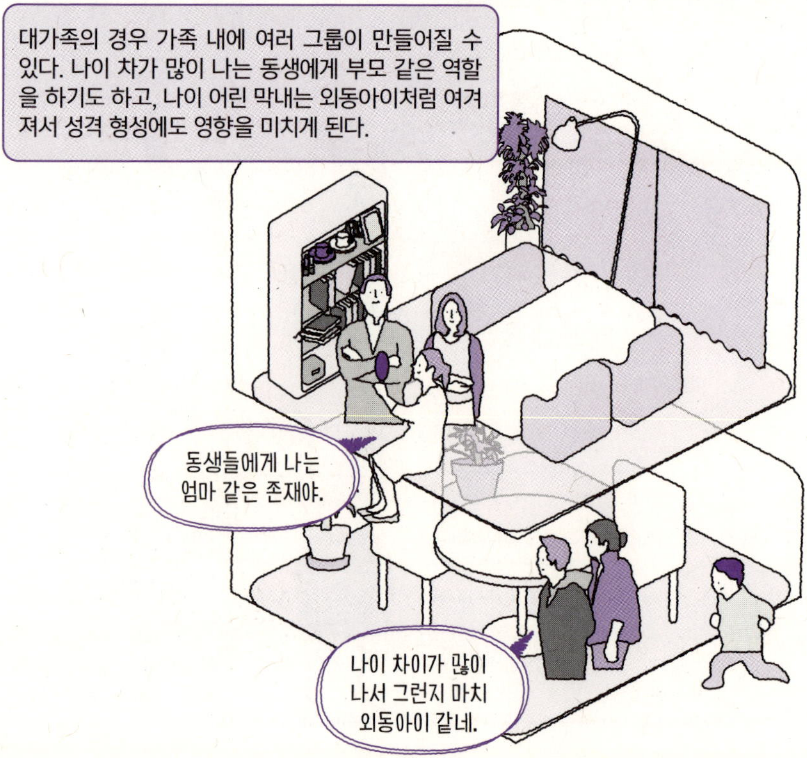

대가족의 경우 가족 내에 여러 그룹이 만들어질 수 있다. 나이 차가 많이 나는 동생에게 부모 같은 역할을 하기도 하고, 나이 어린 막내는 외동아이처럼 여겨져서 성격 형성에도 영향을 미치게 된다.

동생들에게 나는 엄마 같은 존재야.

나이 차이가 많이 나서 그런지 마치 외동아이 같네.

형제자매 중에 특히 몸이 약한 아이는 특별하게 여겨지며 부모의 관심이 쏠리고, 다른 아이들은 반발하게 됩니다. 또한, 일찍 사망한 아이가 지나치게 이상화되기도 하고, 다른 아이들이 과잉보호되기도 합니다. 형제자매의 성별도 중요합니다. 형제의 성별 구성에 따라 여성성과 남성성에 영향을 받기도 합니다.

KEY WORD → ☑ 개방 / 낙관 / 존경

09 가정의 화목을 위해 내가 할 수 있는 일

온 가족에게 긍정적인 영향을 미치는 '화목한 가정'을 만들기 위해 우리가 할 수 있는 일은 무엇일까요?

우리는 앞서 아이들의 라이프 스타일에 영향을 미치는 다양한 요인들이 가정에 있음을 알게 되었습니다. 가족 내에 상하 관계가 존재하면 알력이 발생하고 갈등과 대립으로 가정불화가 일어납니다. 개방적이고 서로 존경하는 관계를 맺어야 화목한 가정환경을 구축할 수 있습니다. 자신이 먼저 매사에 낙관적이며 가족을 따뜻하게 포용할 수 있는 마음을 가져야 합니다.

화목한 가정 분위기를 만든다

화목한 가정은 개방적이고 낙관적이며 서로를 존경한다. 어떤 일을 결정할 때도 모두 평등한 입장에서 이성적으로 대화한다.

가정의 화목을 위해 가족 구성원이 한 일에 대해 결과보다 임하는 자세를 중요시하는 분위기를 만드는 것이 바람직합니다. 설령 실패했어도 최선을 다했다면 비난할 필요가 없습니다. 가족 내에서 어떤 일을 결정할 때는 규칙을 정해 민주적으로 논의합시다. 감정적이 아닌 이성적으로 대화하고, 서로 협력해야 합니다. 가족 중에 곤경에 처한 사람이 있다면 용기를 북돋아 줄 수 있어야 합니다.

KEY WORD ➡ ☑ 폐쇄 / 비관 / 단절

10. 가정불화의 원인을 찾고 개선하기 위해 노력한다

폐쇄적이고 비관적이며 상대방을 존중하지 않는다면 화목한 가정을 꾸리기 어렵습니다.

가족 구성원들 간의 대립과 갈등으로 인해 가정불화가 끊이지 않으면, 풍요로운 인생을 살아가기 어렵습니다. 험악하고 폐쇄적인 분위기, 냉랭한 가족관계는 가정불화의 대표적인 모습입니다. 가족 간의 대화 단절, 비관적인 분위기, 서로를 존중하지 않는 가정환경은 최악이라고 할 수 있습니다. 가족 구성원들이 서로의 노력과 과정을 인정하지 않고, 결과로만 판단하는 것도 가정불화의 원인이 됩니다.

가정불화는 불행한 삶의 원인이 된다

권력을 가진 사람이 독재자처럼 마음대로 결정하고 구성원들 간에 토론이 이루어지지 않는 가정은 바람직하지 않다.

이 집의 가장은 나야! 군말하지 말고 시키는 대로 하라고!!

만약, 집안에 독재자처럼 군림하는 권력자가 있다면 다른 가족들은 복종할 수밖에 없습니다. 이성적으로 논의하지 않고 감정적으로 일을 진행하면 서로 경쟁하고 훼방을 놓을 뿐 협력할 수 없습니다. 이는 가족끼리 서로 상처를 주는 일입니다. 반면 과잉보호와 지나친 간섭 역시 가족에게 도움이 되지 않습니다. 서로에게 올바른 용기 부여를 해줄 수 있어야 합니다.

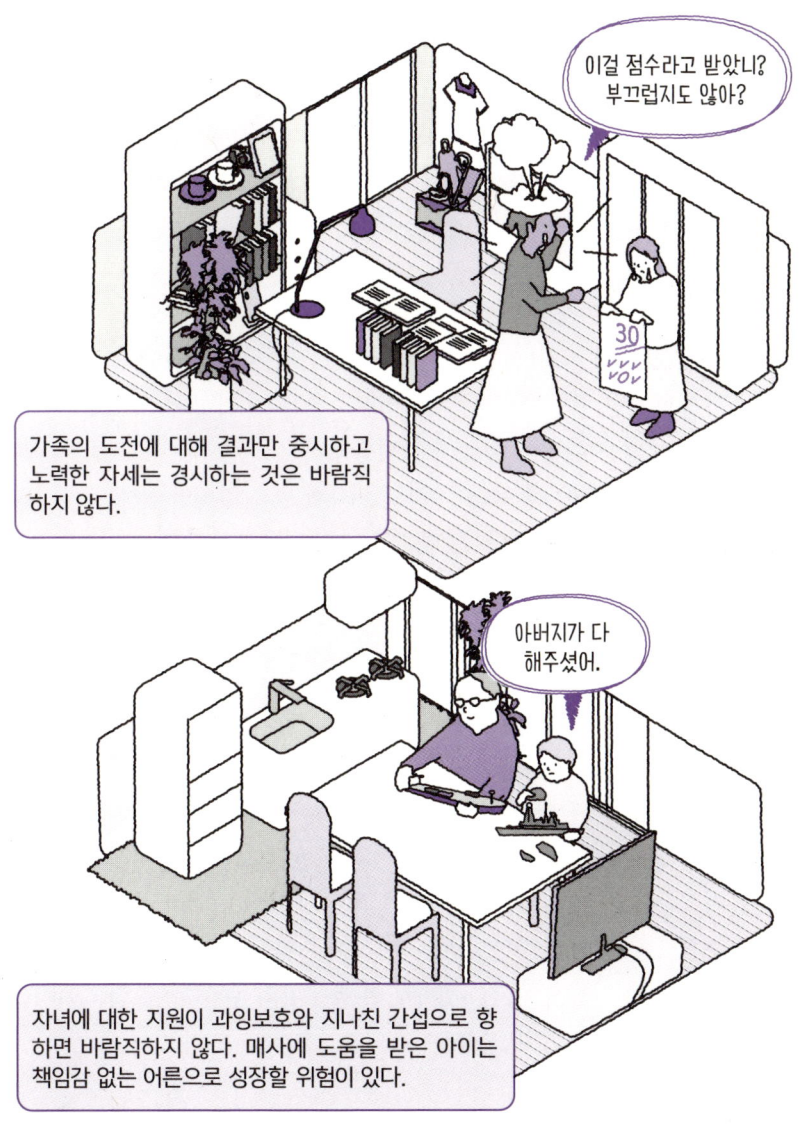

아들러의 생애 ⑥

전 세계 사람들뿐만 아니라 딸에게도 큰 영향을 주다

강의를 하루 앞두고 호텔에 머물던 아들러는 아침 산책 중에 갑자기 심장마비를 일으켰고 구급차로 이송되던 중 사망하였습니다. 그의 갑작스러운 죽음은 전 세계에 보도되었고 많은 이들이 슬픔에 잠겼습니다.

아들러는 집안일과 육아를 거의 아내에게 맡겼지만, 딸에 대한 걱정으로 밤잠을 설칠 만큼 자녀를 사랑했습니다. 아이들은 자유를 존중해주고 한결같이 열심히 노력하는 아버지를 훌륭하다고 생각했고 존경했습니다. 특히 둘째 딸 알렉산드라 Alexandra Adler는 아버지의 영향을 받아 열 살부터 아들러와 동료들의 토론에 참여하는 등 심리학에 깊은 관심을 보였습니다.

심리학자가 된 알렉산드라는 트라우마 연구로 독보적인 자리에 올랐습니다. 생전에 아들러는 '과거 경험은 영향을 미치는 요인이지 모든 것을 결정하는 요인이 아니다'라고 주장했습니다. 알렉산드라는 트라우마 관련 연구와 임상 실습을 이어갔으며 전 세계에 트라우마의 존재를 알린 중요한 인물이 되었습니다.

Chapter 6 용어해설 KEYWORDS

☑ KEY WORD
가정의 영향

라이프 스타일은 성장 환경, 부모로부터의 유전과 장애 등의 신체적 영향을 받아 형성된다. 그러나 최종적으로는 자신이 선택한 것임을 잊지 말아야 한다.

☑ KEY WORD
가족 구도

라이프 스타일에 영향을 미치는 '성장 환경'은 '문화'와 '가족 구도'를 의미한다. 문화는 출신 국가, 지역, 사회와 같은 공동체의 가치관에서 받은 영향을 말한다. 가족 구도는 가족 구성, 가치관, 분위기 등을 포함한다.

☑ KEY WORD
자녀를 대하는 방법

부모가 자녀를 대하는 방식은 자녀의 라이프 스타일 형성에 큰 영향을 미친다. 아이는 부모가 자신을 대하는 방식을 보고 자신에 대한 평가를 결정한다. 예를 들어, 부모로부터 '이기적'이라는 평가를 받은 아이는 자기 자신을 이기적이라고 정의하게 된다.

☑ KEY WORD
출생 순위별 성격 유형

형제자매 관계는 라이프 스타일에 큰 영향을 미친다. 출생 순위도 성격 유형과 밀접한 관련이 있다. 모든 아이에게 적용된다고 단정할 수는 없지만 성격 유형을 이해하는 데 도움이 될 수 있다.

Chapter 7

행복한 인생을 위한
일·우정·사랑의 기술

아들러가 말하길, 인생에는 일, 우정, 사랑이라는 3가지 과업이 있으며 모두 인간관계와 연결된다고 합니다. 그러나 항상 이상적인 인간관계를 맺기는 어려우며 수많은 장벽을 마주하기 마련입니다. 이 장에서는 어려운 인간관계 문제에 대처하는 아들러식 해결 방법을 이야기합니다.

KEY WORD ➡ ☑ 일 / 우정 / 사랑

01 삶의 지표가 되는 3가지 인생 과업

삶의 중요한 지표가 되는 3가지 과업으로 인생의 만족도를 측정해 봅시다.

아들러는 우리가 살아가면서 직면하게 되는 인생 과업을 '①일, ②우정, ③사랑' 3가지로 정리했습니다. 인생 과업은 모든 사람의 삶에서 피할 수 없으며 다양한 상황에서 자기 나름의 대처가 요구됩니다. 어떤 과업이 자신의 과제인지 자각함으로써 인생의 지표가 되기도 합니다.

어떤 과업에 관심이 있습니까?

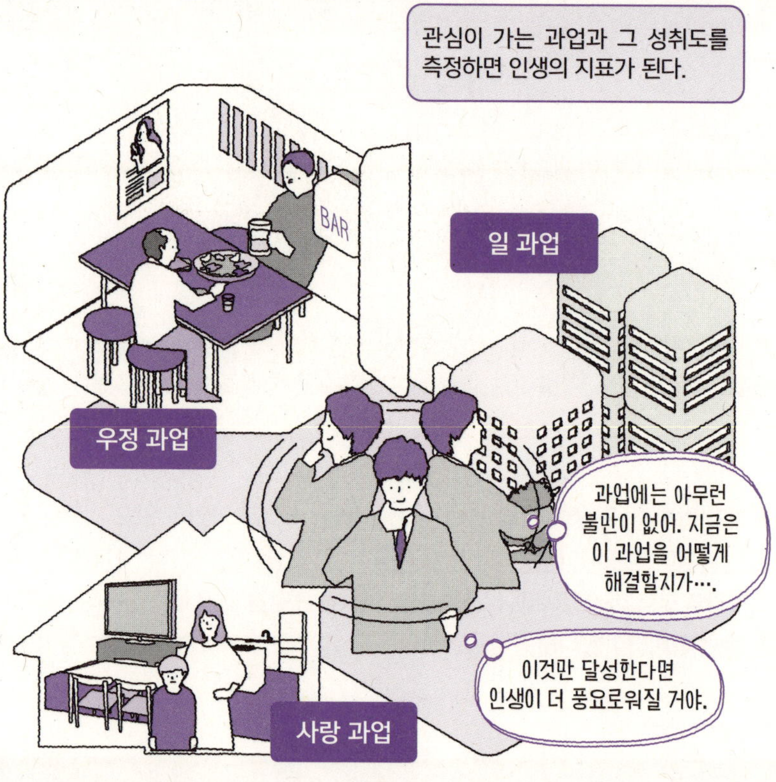

관심이 가는 과업과 그 성취도를 측정하면 인생의 지표가 된다.

일 과업

우정 과업

사랑 과업

과업에는 아무런 불만이 없어. 지금은 이 과업을 어떻게 해결할지가….

이것만 달성한다면 인생이 더 풍요로워질 거야.

3가지 과업 외에도 ④자기 과업, ⑤영적 과업이 존재합니다. 자기 과업은 자기 자신과의 교류, 즉 자신을 받아들이는 것을 의미합니다. 영적 과업은 자연, 신, 우주와 마음의 상호작용을 통해 인생의 의미를 생각하는 것입니다. 이 2가지 과업은 현대 아들러 심리학에 의해 추가되었습니다.

현대 아들러 심리학에 의해 추가된 과제

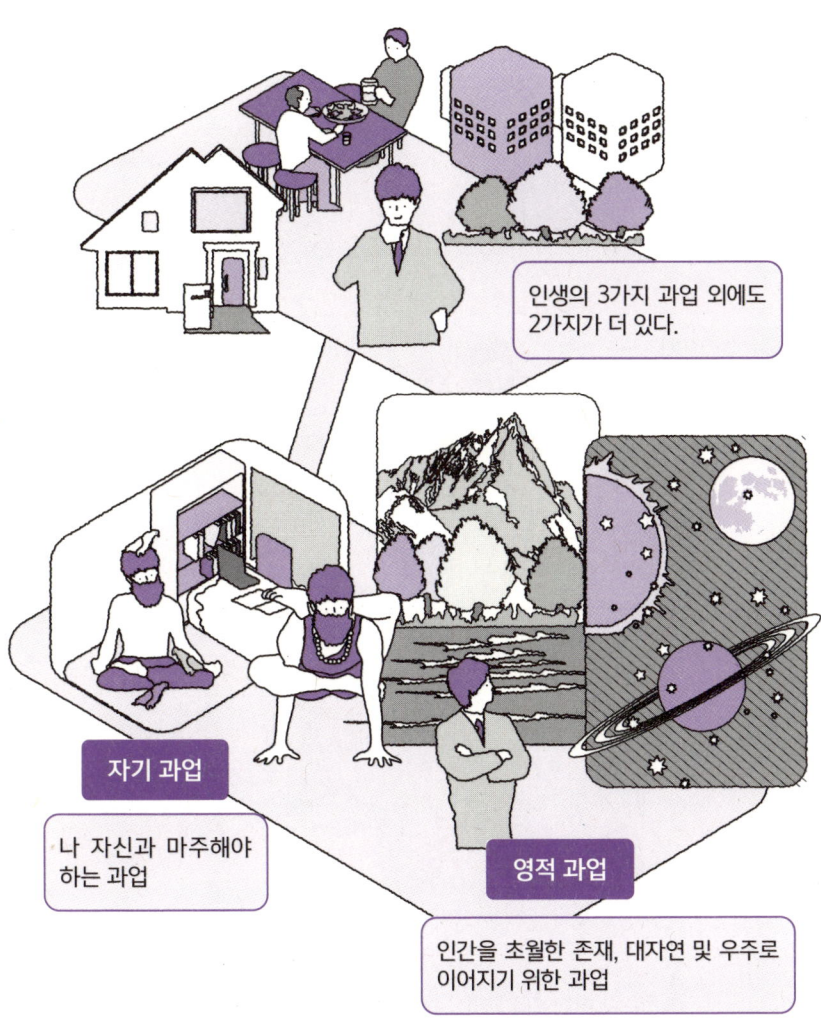

인생의 3가지 과업 외에도 2가지가 더 있다.

자기 과업
나 자신과 마주해야 하는 과업

영적 과업
인간을 초월한 존재, 대자연 및 우주로 이어지기 위한 과업

KEY WORD ➡ ☑ 생산적인 모든 활동

02 인생 과업 ①
'일'

첫 번째 과업은 가장 달성하기 쉬우며, 무엇보다 다른 과업들의 기반이 되는 지표입니다.

'일' 과업은 단지 돈을 버는 것을 의미하지 않습니다. 사회에서 부여한 각자의 역할로 다시 표현될 수 있습니다. 전업주부의 가사와 육아, 학생의 공부, 미취학 아동의 놀이도 포함되며 일상에서 수행하는 모든 생산적인 활동을 의미합니다. 정치에 참여하는 선거, 법률 준수 등 사회적 책임을 수행하는 활동도 포함됩니다.

모든 생산적인 활동 = 일

저마다 자신에게 주어진 일을 매일 해내고 있다.

'일'은 사회에 소속되어 살아가기 위해 해야 할 의무에 가까운 과업입니다. 일 자체는 타인과의 직접적인 관계가 요구되지 않습니다. 즉, 다른 과업에 비해 타인과의 거리가 먼 만큼 비교적 해결이 쉬운 편입니다. 단, 일 과업을 제대로 해내지 못하면 심각한 문제에 직면하게 되고, 다른 과업을 수행하는데도 어려움이 생깁니다.

일의 성패가 다른 과업에 영향을 미친다

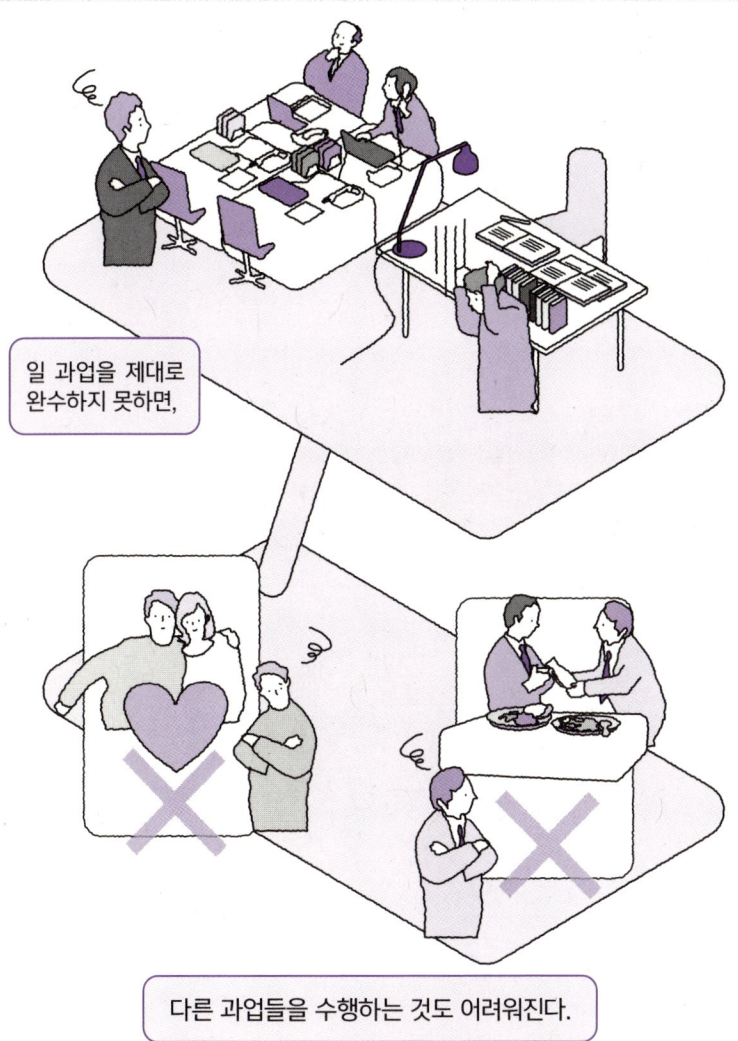

일 과업을 제대로 완수하지 못하면,

다른 과업들을 수행하는 것도 어려워진다.

KEY WORD ➡ ☑ 타인과의 모든 교제

인생 과업 ② '우정'

두 번째 과업은 상대에 대한 배려심이 필수적이며 타인과 상호 신뢰해야 합니다.

'우정' 과업은 말 그대로 다른 사람과 함께 어울리는 것입니다. 친구 관계뿐만 아니라 직장 상사나 부하직원, 이웃 등을 포함한 포괄적인 교제를 의미합니다. 즉, 타인과의 교제, 인간관계 전반을 가리킨다고 할 수 있습니다. 타인을 배려하는 마음이 필요하므로 일 과업에 비해 어려움을 느끼는 사람이 많습니다.

> 모든 타인과의 교제 = 우정

> 나는 하루에 몇 명의 사람과 대화를 나누는지 생각해보자.
> 타인에 대한 배려심이 없으면 좋은 관계를 맺을 수 없다.

우정 과업을 성공적으로 해내고 있다는 것은 타인과 상호 존경·신뢰·협력이 제대로 되고 있음을 의미합니다. 표면적으로는 과업을 잘 수행하는 것처럼 보이지만 실제로는 그렇지 않은 경우도 있습니다. 예를 들어, 비행 청소년 집단은 비행이라는 목적의식으로 연결되어 있으므로 상호 존경이 없는 관계이며, 가치가 없다고 판단하는 즉시 관계가 끊어져 버립니다.

상호 존경은 우정 과업의 필수 요소이다

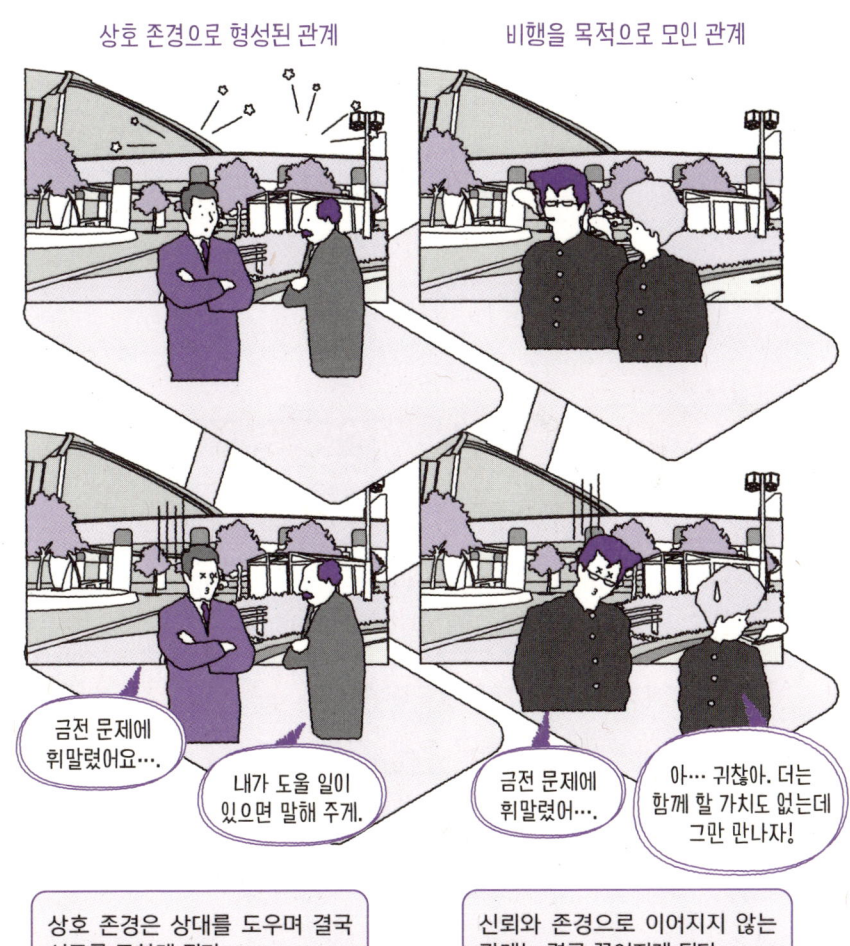

KEY WORD ➡ ☑ 매우 친밀하고 깊은 관계

04 인생 과업 ③ '사랑'

세 번째 과업은 연애와 가족관계입니다.
더욱 친밀하고 깊은 관계로의 접근이 필요합니다.

'사랑' 과업은 연애와 가족관계가 모두 포함되므로 이 둘은 별개가 아닌 하나로 볼 수 있습니다. 파트너와의 교제, 성관계, 결혼 그리고 성 역할과 성적 가치관을 모두 포괄하기 때문입니다. 일이나 우정 과업보다 수행의 어려움 정도가 높습니다.

> 매우 친밀하고 깊은 관계성 = 사랑

연인 및 가족관계뿐만 아니라 성 역할과 성적 가치관도 사랑 과업에 포함된다.

사랑은 우정보다 더 깊은 관계성이나 소통, 긴밀한 협력이 필요합니다. 지극히 가까운 거리에서 대면하므로 큰 용기도 필요합니다. 현대 사회는 여러 가치관이 존재하며 외부에 드러나는 형태도 다양합니다. 다만, 어떤 형태로든 상대방을 지배하는 관계를 맺으면 사랑 과업을 완수할 수 없습니다.

큰 용기가 필요한 가장 어려운 과업

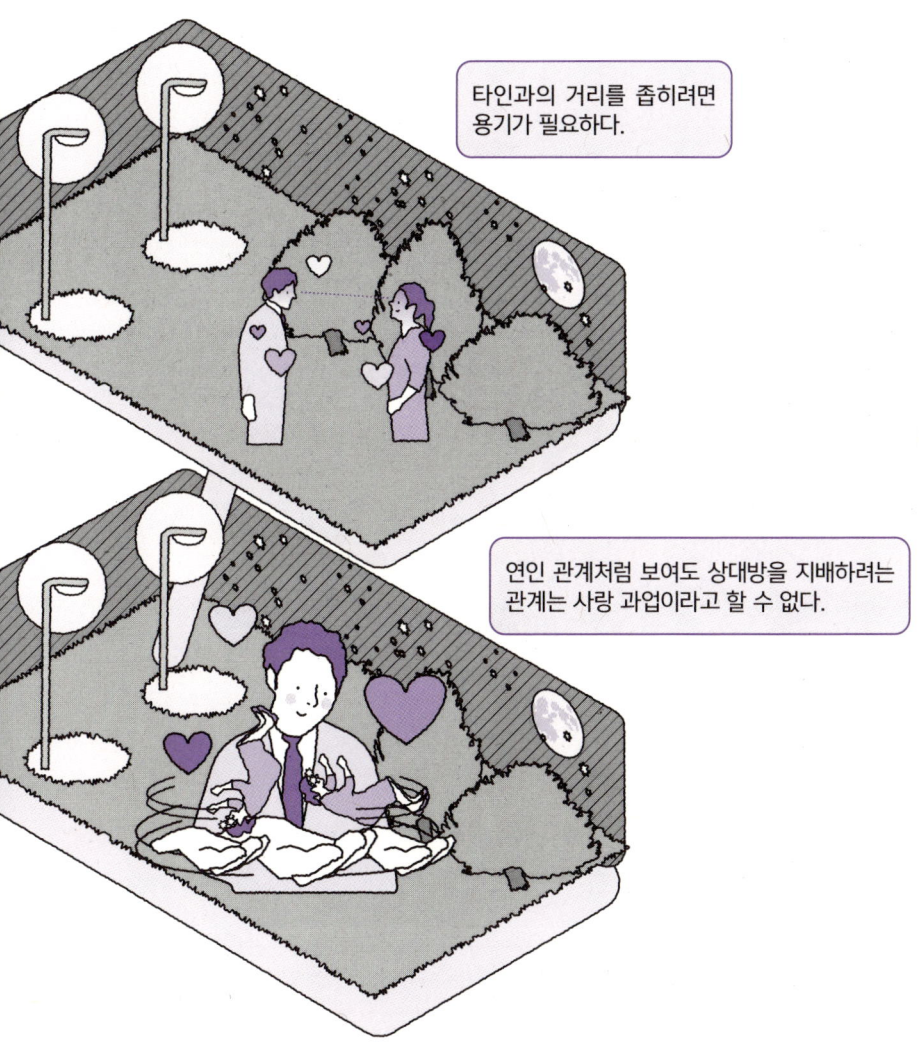

타인과의 거리를 좁히려면 용기가 필요하다.

연인 관계처럼 보여도 상대방을 지배하려는 관계는 사랑 과업이라고 할 수 없다.

KEY WORD ➡ ☑ 소속감 / 공헌감 / 상호 신뢰

공동체 의식이 있어야 인생 과업을 완수할 수 있다

공동체 의식이 있으면 과업 달성을 향해 나아갈 수 있습니다.
3가지 과업을 위해 최선의 접근 방식을 취하십시오.

　일, 우정, 사랑 3가지 과업을 수행하는 데 있어 가장 중요한 공통 요소는 앞서 강조해 온 '공동체 의식'입니다. 직장에서의 업무 수행, 친구나 이웃과의 교제, 가족이나 연인과의 신뢰 구축 모두 공동체 의식이 필요한 상황을 직면하게 됩니다. 공동체 의식을 키워온 사람은 과업 달성을 향해 필요한 조처를 하며 앞으로 나아갈 수 있습니다.

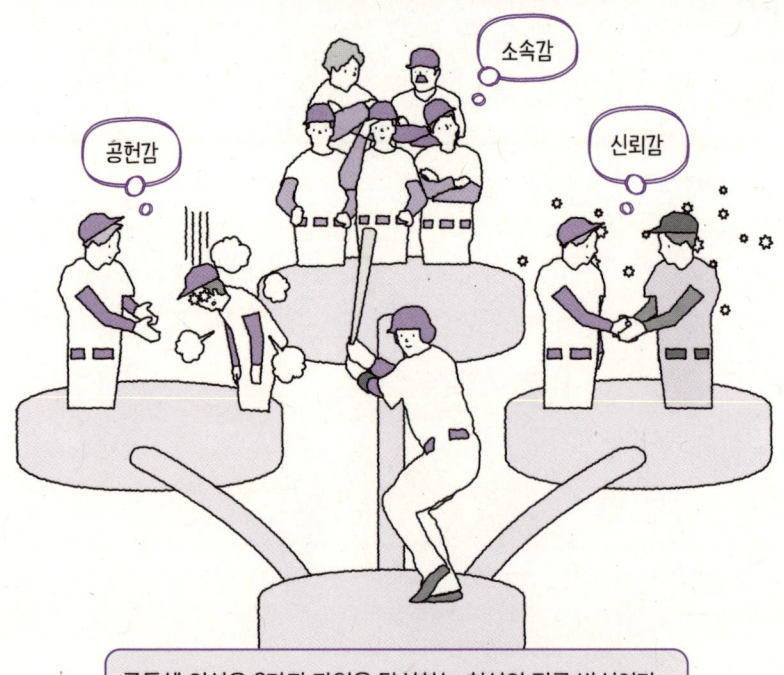

3가지 과업에 공동체 의식을 활용한다

공동체 의식은 3가지 과업을 달성하는 최선의 접근 방식이다.

공동체의 일원임을 인식하는 소속감은 사람을 편안하게 합니다. 자신이 공동체에 일조하고 있음을 느끼는 공헌감은 상호 존경을 구축하게 합니다. 공동체가 자신에게도 도움이 되면 상호 신뢰가 형성됩니다. 공동체 의식은 일, 우정, 사랑 과업의 필수 요소이며 과업 달성의 원동력이 됩니다.

공동체 의식에서 비롯된다

공동체 의식은 3가지 과업을 달성하는 원동력이다.

KEY WORD ➡ ☑ 비난 / 낙담 / 공동체 의식 결여

용기를 잃으면 곤경에 처하게 된다

용기를 잃으면 곤경에 처하기 마련입니다.
자신과 타인에게 용기를 북돋아 주고 공동체 의식을 키웁시다.

용기가 있어야 공동체 의식을 키울 수 있습니다. 아들러는 "인생에서 발생하는 다양한 문제로 곤경에 빠진 사람의 심정에 대해 확신 있게 말할 수 있다. 비행 청소년, 범죄자, 신경증 환자, 알코올 중독자는 용기를 상실하고 낙담한 상태이며 공동체 의식도 결여되어 있다."라고 말했습니다.

용기를 잃으면 문제가 생긴다

이러한 행위는 자기 스스로 용기를 꺾는 것과 같습니다.

아들러는 곤경에 처해 있는 사람들은 대부분 용기를 상실한 상태라고 말했다. 이는 누구든 용기를 내면 결국 문제를 해결할 수 있다는 의미도 된다.

정리하면, 자신과 타인을 향한 비난을 멈추고 용기를 북돋워 주는 것이 중요합니다. 이를 체득하면 누구나 자신을 포함한 주변 사람들과의 공동체 의식이 쌓이고, 풍요롭고 행복한 인생을 누릴 수 있습니다.

나와 주변인 모두 공동체 의식을 키운다

KEY WORD ➡ ☑ 우호적 / 협력적

07 승부를 내려는 욕구와 자기연민을 내려놓는다

사이 좋은 부부는 일상적인 대화에서도 서로의 용기를 북돋워 줍니다.

부부는 '사랑' 과업에서 다양한 문제들에 직면합니다. 예를 들어, 직장에서는 남편이, 가정에서는 아내가 관리자일 수 있습니다. 가정에서 관리자 역할을 맡은 사람이 배우자에게 용기를 북돋워 주면, 빈번하게 발생하던 문제들이 부부싸움으로 번지지 않고 순조롭게 해결됩니다. 승부를 내려는 욕구와 자기연민을 내려놓고, 우호적이며 협력적으로 배우자를 지지하는 태도를 보여야 합니다. 물론 처음에는 다소 어색할 수도 있지만, 노력하다 보면 좋은 방향으로 나아지게 됩니다.

협력적인 태도로 배우자에게 용기를 준다

- 내가 집안일을 도맡아 하고 있잖아!
- 당신은 왜 손 하나 까딱 안 하는데!
- 아… 정말 피곤하다.

빈번한 부부싸움

- 내가 왜 이렇게 살아야 해?
- 가만 안 둬!
- 사이좋게 지내야지.
- 내가 당신에게 건의할 게 있어…

상대를 굴복시키겠다는 의도로 소통하면 역효과가 난다.

배우자에게 불만을 품고 있을 때, 오히려 배우자에게 용기를 북돋아 주면 결국 나를 위해 움직여 줍니다.

서로 상대방이 말을 듣지 않는다는 이유로 분노를 쌓아가는 부부가 많습니다. 문제를 효과적으로 해결하려면 위화감이나 불쾌감을 주는 명령조의 표현을 멈춰야 합니다. 많은 사람이 무의식적으로 사용하는 '~해 줘요'라는 표현도 악의는 없지만, 지시와 의뢰를 내재한 일종의 명령형입니다.

'~해 줄 수 있을까?', '~해도 괜찮을까?'처럼 완곡한 질문으로 배우자에게 결정권을 주고, 배려하는 마음을 표현하는 것이 좋습니다. 또는 '~해 주면 기쁘겠어'라고 자신의 감정을 전하는 것도 효과적입니다.

무의식적인 명령조를 조심한다

위압적으로 말하려는 의도가 없었어도, 상대는 그렇게 받아들일 수 있다.

질문 형태로 상대의 의사를 묻거나, 감정을 전하는 표현은 상대에게도 긍정적으로 작용한다.

KEY WORD ▶ ☑ 건설적인 대화

08 배우자의 외도에 대해 감정적으로 대응하면 안 된다

배우자가 외도했더라도, 관계 개선을 원한다면 감정적으로 화를 내면 안 됩니다.

결혼생활에서 배우자의 외도는 정말 큰 상처가 됩니다. 다만, 배우자의 외도로 상처받았을지라도 감정적으로 대응하면 안 됩니다. 외도를 저지른 쪽은 상대방인데, 당한 사람이 분노를 참아야 한다니 억울할 수 있습니다. 그러나 속마음으로는 배우자에게 사랑받기를 원하고 있다면, 질투심 때문에 감정적으로 대응하고 상대에게 상처를 입히는 것은 적절하지 않습니다.

상대방의 마음을 바꾸기 위해 감정적으로 행동하면 안 된다

배우자의 외도 발각

감정에 사로잡혀 배우자에게 상처를 줘도 상대방은 당신을 사랑하지 않는다.

당신이 정말 원한 게 무엇이었는지 말해 줄 수 있어?

외도한 배우자가 잘못한 것은 확실하지만 감정적으로 상처를 주는 것은 해결책이 아니다.

서로 사랑하는 것이 목적이라면 외도한 배우자 앞에서 감정에 사로잡힌 모습을 보이면 안 된다.

자신의 감정을 무조건 부정하고 억누르라는 의미가 아닙니다. 배우자 앞에서 감정적인 태도를 드러내지 말라는 취지입니다. 문제 해결과 개선을 위한 가장 효과적인 접근 방식은 건설적인 대화입니다. 부부관계에 있어서 외도는 일종의 계약을 위반한 행위이므로 상대방에 대한 페널티를 어떻게 부과할지 논의하는 것은 건설적인 교환이라고 할 수 있습니다.

건설적인 대화를 나누면 상대방이 바뀔 수 있다

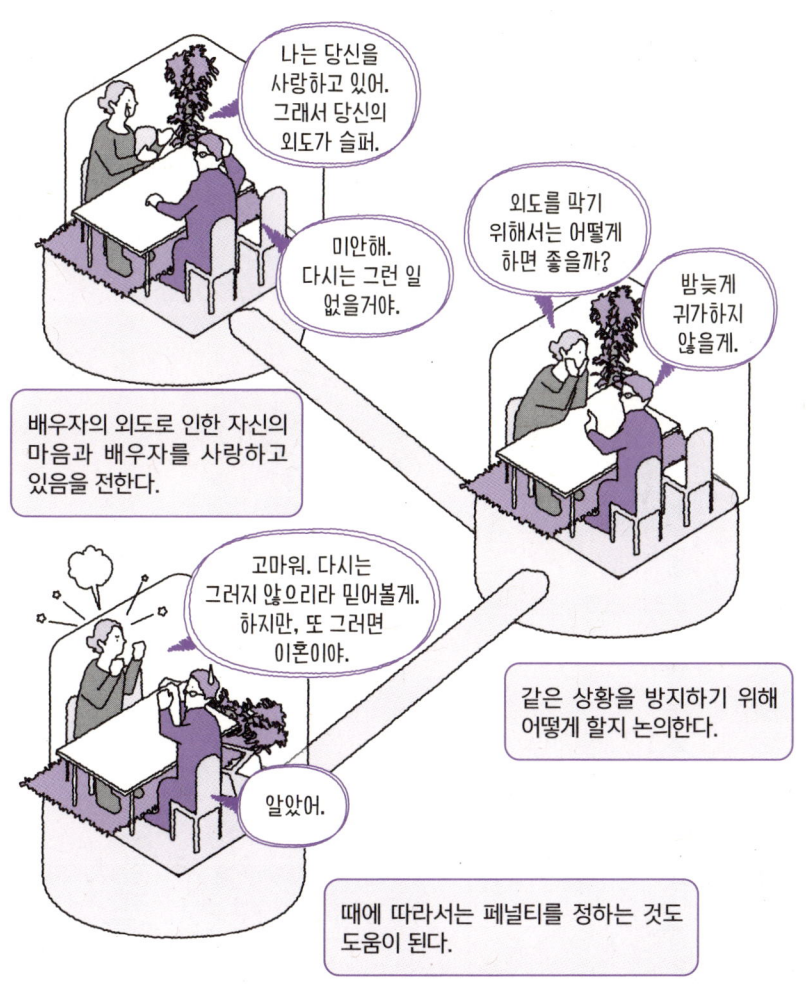

KEY WORD ➡ ☑ 불운과 불행

09 '행운'과 '행복'의 차이

단지 행운으로 얻은 행복감은 행복의 본질과는 거리가 있습니다.

행운과 행복은 글자도 비슷하고, 행운이 행복을 가져온다고 착각하기 쉽지만 그렇지 않습니다. 예를 들어 복권에 당첨되면 행복감을 느낄지도 모르지만, 단지 행운일 뿐입니다. 자신의 의지로 움켜쥔 것이 아니라 우연히 일어난 일이기 때문입니다. 행운이 행복이라고 생각하면, 불운을 불행과 동일시 하고 자신의 의지로 인생을 개척할 용기를 내지 않게 됩니다. 즉, 행운과 행복은 본질 자체가 다릅니다.

행복해 보이지만 단지 행운일 뿐이다

복권 구매

복권 당첨! 언뜻 보면 행복한 듯 하지만….

행복한 감정에 싸여 있지만, 아들러 심리학에서 말하는 행복이라고 할 수 없다. 단지 우연히 찾아온 행운일 뿐이다.

자신과 타인에게 용기 부여

그로 인해 얻어진 행복

자신의 손으로 움켜쥔 행복이야말로 진정한 행복이다.

행복은 일상을 대하는 마음가짐으로 움켜쥘 수 있습니다. 사람은 끊임없이 변화하는 환경에 능동적으로 대처하며 항상 변화하는 존재입니다. 만약 변화 없이 완전히 안정되고 행복하다면 그것이 진정한 행복인지 의심스러울 수밖에 없습니다. 행복은 일상의 변화 속에 있습니다.

행복은 시시각각 변하는 상태 속에 있다

날씨는 끊임없이 변한다.

병에 걸리기도 하고, 치유되기도 한다.

일이나 공부에서 성과가 날 때도 있고, 성과가 나지 않을 때도 있다.

이처럼 만물은 항상 변화하고 좋고 나쁨을 반복한다.
그러므로 변화하는 일상 속에 행복이 있다고 할 수 있다.

KEY WORD ➡ ☑ 자기 수용 / 타인 신뢰 / 공헌감

10 인간은 본능적으로 소속감을 추구한다

우리는 왜 공동체 의식을 구축해야 할까요?
그 이유는 인간의 근원적인 본능을 충족하기 위해서입니다.

　자신을 사랑하려면, '나는 도움이 되는 사람이다'라고 느껴야 합니다. 내가 도움이 될 상대인 타인과 세상을 사랑해야 합니다. 즉, '자기 수용', '타인 신뢰', '공헌감'은 떼려야 뗄 수 없는 관계입니다. 자신과 타인(=세상)을 사랑하는 마음은 항상 서로 연결되어 있습니다.

자신, 타인, 세상은 하나이다

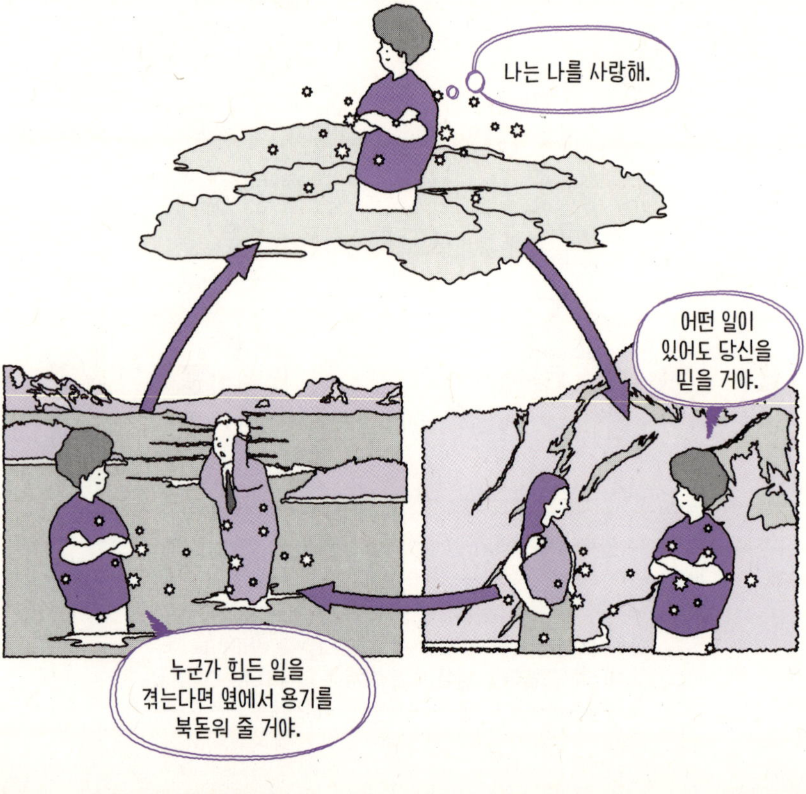

나는 나를 사랑해.

어떤 일이 있어도 당신을 믿을 거야.

누군가 힘든 일을 겪는다면 옆에서 용기를 북돋워 줄 거야.

이렇듯 우리의 자의식은 타인 및 세계와 밀접한 관계를 맺고 있습니다. 소속감 추구는 인간의 본능적인 욕구입니다. 그렇기 때문에 인간은 소속에 실패했을 때 스스로 목숨을 끊는 선택을 하기도 합니다. 이는 생명체로서 계속 살고 싶은 욕구보다 이 세상에 소속되고 싶은 욕구가 더 강하다는 증거입니다. 소속감은 정신 건강을 보증하는 가장 중요한 요소라고도 할 수 있습니다.

소속감은 인간의 근원적 본능이다

난 이제 빈털터리야…

뭐 별거 아니네.

소속감

소속감

소속감

소속감이 있으면 어떤 고난도 견딜 수 있다.

소속감이 없으면 다른 환경이 아무리 풍요로워도 정신 건강이 훼손된다.

인간의 근원적인 본능에는 소속되고 싶은 욕구가 있으며, 소속감은 정신 건강을 보장하는 필수 요소이다.

7 행복한 인생을 위한 일·우정·사랑의 기술

column

No. 07

아들러의 생애 ⑦

시대 상황과 사회 변화에 맞춰 끊임없이 진화하는 학문

지금은 '현대 아들러 심리학'이라는 테마가 세상에 널리 알려져 있습니다. '현대'라는 타이틀만 붙였을 뿐, 생전 아들러의 어록과 사상을 그대로 계승하고 있으리라 추측하는 사람도 있을 수 있습니다. 그러나 아들러 사후, 많은 연구자가 아들러 사상을 바탕으로 연구를 거듭해 왔으므로 현대 아들러 심리학은 시대와 함께 변화를 거듭해 온 학문이라고 할 수 있습니다.

물론 현대 아들러 심리학의 근간은 아들러의 사상과 이론입니다. 그러나 시대와 사회 상황은 항상 변화하므로 아들러가 살았던 시대의 이론이 현대 상황에 맞지 않는 부분도 있기 마련입니다. 현대 아들러 심리학은 시대 변화에 대응하기 위해 항상 진화해 온 학문이라고 할 수 있습니다.

용어해설 KEYWORDS

☑ KEY WORD
'일' 과업

단순히 돈을 벌기 위한 수단을 의미하는 것이 아니다. 사회에서 부여한 각자의 역할이라고 바꿔 말할 수 있다. 예를 들어, 전업주부의 가사와 육아, 학생의 공부, 미취학 아동의 놀이도 일 과업에 포함된다. 즉 일상을 영위하는 데 있어 행해지는 모든 생산적인 활동을 의미한다.

☑ KEY WORD
'우정' 과업

다른 사람들과 상호 작용하는 방법에 해당하는 과업이다. 친구뿐만 아니라 직장 상사, 부하직원, 이웃도 포함된다. 타인과의 교제, 인간관계 전반을 포괄한다고 할 수 있다.

☑ KEY WORD
'사랑' 과업

연애와 가족관계를 포괄하는 과업이다. 파트너와의 데이트, 성관계, 결혼, 성 역할과 성적 가치관에 관한 생각 등이 모두 포함되므로 별개가 아닌 하나로 생각하는 것이 좋다.

☑ KEY WORD
공동체 의식

가족, 친구, 직장 등 공동체에서의 소속감, 공감, 신뢰, 공헌을 총칭하는 용어이다. 공동체 의식은 인생의 3가지 과업을 수행하는 데 가장 중요한 요소이기도 하다. 아들러 심리학의 실천은 공동체 의식을 어떻게 키울지 생각하고 노력하는 것이다.

☑ KEY WORD
용기 부여

자신과 타인에게 의욕이 솟아나도록 용기를 북돋워 주는 것이다. 공동체 의식을 키우려면, 용기 부여 기법이 필요하다. 건강하고 건설적으로 살아가는 데 꼭 필요한 요소이며, 자신과 타인에게 용기를 부여할 수 있으면 인간관계도 자연스럽게 좋아진다.

용어 색인

ㄱ

가족 구도	143
감정 구조	43
감정의 3가지 특성	45
거리감	114
거절하는 방법	135
건강한 정신	40
건설적인 대화	179
건설적인 사람	64
겉보기 인과율	120
경청	98
공감	96
공동 과제	102
공동체 의식	18
공통 감각	65
과제 분리	101
긍정적 사고	46
기본적 오류	51

ㄴ~ㄷ

나 메시지	133
낙천주의, 낙관주의	47
너 메시지	133
닫힌 질문	125
동정	97

ㄹ~ㅂ

라이프 스타일	85
리셉터	130
리프레이밍	122
목적론	22, 26
미움	78
부모의 기대	147
부정적 악순환	56
분노	41, 55

ㅅ

사랑 과업	170
사적 감각	50
사적 논리	66
상대역	30
상보적 관계	29
상호 존경	92
생활력	149
선입견	80
세계상	141
셀프 콘셉트	83
셀프 토크	82
소속감	183
수직적 관계	42
수직적 시선	90

수평적 관계	42
수평적 시선	90
신뢰와 신용	95

ㅇ

열등 콤플렉스	49
열등감	48
열등성	48
열린 질문	125
용기 부여	20
우리 메시지	133
우월성 추구	73
우정 과업	168
원인론	27
이성적 주의	132
인간관계론	22, 30
인생 과업	164
인지론	22, 32
일 과업	166

ㅈ

자기이상	141
자기정당화	58
자기개념	140
자기결정성	22, 24
자기기만	59
자기주장	106
전체론	22, 28
존경심	148
주관적 의미	32

ㅊ~ㅎ

책임감	149
책임을 지는 방법	109
출생 순위	150, 152
쿠션 언어	128
프로이트 심리학	34
행운과 행복	180
형제자매 관계	150, 152

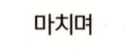

마치며

더 많은 사람이 공동체 의식을 쌓으면 더 큰 연결 고리가 만들어 집니다

《아들러의 심리학 수업》을 끝까지 읽어주셔서 감사합니다. 무엇을 느끼셨나요?

일반적으로 심리학이라고 하면 어렵고 견고하게 느껴질 수 있지만 아들러의 심리학은 매우 실용적입니다. '인간의 심층심리'라는 테마를 필요 이상으로 추구하지 않고 현실 세계에서 유용한 조언을 제공합니다. 또한, 사람이 행복하게 살기 위해 필요한 것은 의외로 매우 간단하다는 사실을 상기시켜줍니다.

아들러 심리학을 소위 '실천 심리학'이라고 합니다. 이론이 간단하고 명료하여 이해하는 데 어려움이 없기 때문입니다. 하지만 단순할수록 실천이 쉽지 않고, 하물며 지속하기는 더욱 어렵습니다. 따라서 아들러 심리학은 '학습 이론'으로만 마스터할 수 없습니다. 일상에서 계속 실천하는 것이 중요합니다.

직장 동료, 친구, 가족 및 배우자, 자녀와 함께 아들러 심리학을 배우고 반복해서 실천하다 보면 그 어려움을 뼈저리게 느끼게 됩니다. 포기하거나 미루지 말고 몇 번이고 반복하는 것이 중요합니다. 그것이 바로 '실천 심리학'이라 불리는 아들러 심리학의 진수입니다. 즉, 이론을 이해하는 선에서 끝내지 않고, 실제 일상에 적용하며 훈련하는 방법을 배우는 것이 아들러 심리학입니다. 어려운 실천 과정을 지지해 주는 존재가 바로 동료입니다. 아들러 심리학을 함께 배우고 훈련할 수 있는 동료를 만들어 보세요. 그리고 서로 용기를 북돋워 주세요. 이 책이 여러분에게 실천의 한 걸음을 내디딜 기회가 된다면 저로서는 매우 기쁠 것입니다.

오구라 히로시

● 주요 참고문헌

《アドラーに学ぶ　職場コミュニケーションの心理学》(小倉 広 저, 日経BP社)

《アドラーに学ぶ　部下育成の心理学》(小倉 広 저, 日経BP社)

《もしアドラーが上司だったら》(小倉 広 저, プレジデント社)

《アルフレッド・アドラー　一瞬で自分が変わる100の言葉》(小倉 広 해설, ダイヤモンド社)

《アルフレッド・アドラー　人生に革命が起きる100の言葉》(小倉 広 해설, ダイヤモンド社)

《性格は変えられる　アドラー心理学を語る1》(野田俊作 저, 創元社)
인용 pp159-166 *본서 p178

《グループと瞑想　アドラー心理学を語る2》(野田俊作 저, 創元社)

《劣等感と人間関係　アドラー心理学を語る3》(野田俊作 저, 創元社)
인용 pp35-42 *본서 p183 / 인용 pp147-152 *본서 p109

《勇気づけの方法　アドラー心理学を語る4》(野田俊作 저, 創元社)
인용 pp151-181 *본서 p148 / 인용 pp175-177 *본서 p180

《人生が大きく変わる　アドラー心理学入門》(岩井俊憲 저, かんき出版)
인용 pp48-49 *본서 p45

《悩みが消える「勇気」の心理学　アドラー超入門》(岩井俊憲 감수, 永藤かおる 저, ディスカヴァー・トゥエンティワン)
인용 pp134-137 *본서 p132

《人生を変える思考スイッチの切り替え方　アドラー心理学》(八巻 秀 감수, ナツメ社)
인용 pp.110-111 *본서 p47

「人生がうまくいかない」が100%解決するアドラー心理学見るだけノート
'JINSEIGA UMAKU IKANAI'GA 100% KAIKETSUSURU ADLER
SHINRIGAKU MIRUDAKE NOTE
by HIROSHI OGURA

Copyright ⓒ 2022 by HIROSHI OGURA
Original Japanese edition published by Takarajimasha,Inc.
Korean translation rights arranged with Takarajimasha,Inc.
Through BC Agency., Korea.
Korean translation rights ⓒ 2022 by Good world (SOBO LAB)

이 책의 한국어 판 저작권은 BC에이전시를 통해
저작권자와 독점계약을 맺은 조은세상에 있습니다. 저작권법에 의해
한국 내에서 보호를 받는 저작물이므로 무단전재와 복제를 금합니다.

기본부터 실전까지 일러스트로 이해하는
아들러의 심리학 수업

초판 1쇄 발행 · 2022년 6월 30일

감수자 · 오구라 히로시
옮긴이 · 서희경
펴낸이 · 곽동현
디자인 · 정계수
펴낸곳 · 소보랩

출판등록 · 1988년 1월 20일 제2002-23호
주소 · 서울시 동작구 동작대로 1길 27 5층
전화번호 · (02)587-2966
팩스 · (02)587-2922
메일 · labsobo@gmail.com

ISBN 979-11-391-0536-0 14180
ISBN 979-11-391-0292-5 (세트)

이 책은 저작권법에 따라 보호를 받는 저작물이므로 무단 전재와 복제를 금하며,
이 책 내용의 전부 또는 일부를 사용하려면 반드시 저작권자와 소보랩의 서면 동의를 받아야 합니다.
잘못된 책은 구입하신 서점에서 교환해 드립니다. 책값은 뒤표지에 있습니다.